ESCREVER SOBRE ESCREVER

ESCREVER SOBRE ESCREVER

Uma introdução crítica à crítica genética

■

Claudia Amigo Pino
Roberto Zular

wmf **martinsfontes**

SÃO PAULO 2007

Copyright © 2007, Livraria Martins Fontes Editora Ltda.,
São Paulo, para a presente edição.

1ª edição 2007

Acompanhamento editorial
Helena Guimarães Bittencourt
Preparação do original
Maria Luiza Favret
Revisões gráficas
*Letícia Braun
Ivani Aparecida Martins Cazarim
Dinarte Zorzanelli da Silva*
Produção gráfica
Geraldo Alves
Paginação/Fotolitos
Studio 3 Desenvolvimento Editorial

Dados Internacionais de Catalogação na Publicação (CIP)
(Câmara Brasileira do Livro, SP, Brasil)

Pino, Claudia Amigo
 Escrever sobre escrever : uma introdução crítica à crítica genética / Claudia Amigo Pino, Roberto Zular. – São Paulo : WMF Martins Fontes, 2007. – (Texto e linguagem)

Bibliografia.
ISBN 978-85-60156-53-5

1. Crítica literária 2. Escrita 3. Manuscritos 4. Teoria literária I. Zular, Roberto. II. Título. III. Série.

07-5322	CDD-801.95

Índices para catálogo sistemático:
1. Crítica genética : Literatura 801.95

Todos os direitos desta edição reservados à
Livraria Martins Fontes Editora Ltda.
*Rua Conselheiro Ramalho, 330 01325-000 São Paulo SP Brasil
Tel. (11) 3241.3677 Fax (11) 3101.1042
e-mail: info@martinsfontes.com.br http://www.wmfmartinsfontes.com.br*

ÍNDICE

Prefácio VII
Apresentação 1

1. Da crítica do processo à crítica ao processo .. 7
  1. A crise de 1968 7
  2. Gênese da gênese 11
  3. Filologia e crítica genética 13
  4. Um objeto que escapa às estruturas 18
  5. Um olhar que escapa a seu objeto 23
  6. Crítica ao processo 31
  7. Para um estudo das práticas de escrita .. 41

2. Práticas de escrita 49
  1. Pensando a escrita 49
  2. Pensando a escrita além-mar 58
  3. Da invenção da escrita à escrita como invenção . 65
  4. Enunciação e performatividade 69
    Da produção escrita à forma 78
    Dos atos de produção escrita como forma .. 83
  5. Oralidade e escrita 91

3. A crítica genética como prática 101
  1. Quando o manuscrito se transforma em documento 101

É preciso ter acesso aos manuscritos originais? 101
   A busca de uma origem e a busca de uma escritura .. 103
2. Como ter acesso a esses documentos 105
   Manuscritos transcritos 106
   Manuscritos fac-similados e digitalizados 111
   Manuscritos originais 116
3. Estabelecimento de um recorte 120
   Tema 123
   Movimentos escriturais 126
   Espaços escriturais 130
4. Operações de leitura 136
   Constituir um dossiê 136
   Transcrever 138
   Identificar descontinuidades 139
   Classificar 145
   Uma última palavra contra a reconstituição 146
5. Estudo das práticas de escrita 150

4. Desdobramentos teóricos 155
1. Retomando Foucault 156
2. A função-autor e a trama institucional de circulação dos manuscritos 165
3. Impasses e possibilidades 170
4. Teoria crítica e processo de produção 175
5. Retomando a crítica ao processo 182

Bibliografia 189

PREFÁCIO

Assim como os leitores da *Nova Heloísa*, de Rousseau, se iniciamos a leitura deste livro, já estávamos perdidos antes. Mas, como Rousseau aconselha em seu prefácio, uma vez iniciada, devemos continuar a leitura até o fim. Eis que começam as diferenças. Desta vez, o leitor não se chocará contra grandes dilemas que parecem atentar contra seu repertório moral, mas estará diante de desafios que o convocam a refletir sobre a complexa tarefa do crítico nos dias de hoje.

Aquele que procura um sistemático passo a passo para a compreensão de uma prática crítica que durante anos se posicionou como objetiva diante da criação literária, concluirá esta leitura com frustração. Felizmente, essa frustração logo será reparada por um ganho fundamental: a reflexão sobre a própria atividade crítica e sua relevância nos dias atuais, sobre o papel daquele que a exerce, sobre a necessidade de estabelecer uma interlocução, um diálogo.

Nesta empreitada de dois verdadeiros amigos/críticos, não faltam questionamentos, idas e vindas pela selva teórica, buscas incessantemente renovadas de propostas que, ao serem nomeadas, acabam cedendo lugar a outras, revelando, sobretudo, a força do objeto analisado e a saudável inquietação de dois críticos em permanente formação.

Alentador, portanto, é o fato de podermos ler uma introdução à atividade crítica em geral e não uma série de procedimentos para adentrar a crítica genética. Trata-se de um trabalho que valoriza o percurso crítico, inevitável e assumidamente singular, na busca e no objeto implicado.

O leitor está diante de um livro pouco descritivo, repleto de referências que se distanciam quase sistematicamente de um universo específico e que relacionam, com muito sucesso, questões que dizem respeito ao objeto literário, mais do que a uma tomada de posição apriorística com relação ao mesmo. Em nenhum momento se perde o objeto de vista.

Nele, o leitor encontrará, ainda, os embates destes dois críticos diante da própria prática. Acerca deste aspecto, em leituras de bastidores chegamos a sugerir um segundo título para o livro: *De como problematizar*. Ou ainda *De como criar um lugar crítico*. Isto porque, assaz rapidamente, é possível perceber que a impossibilidade de chegar a uma *metodologia*, em sua acepção mais cientificista, deve-se ao fato de cada manuscrito requerer uma solução própria. Numa certa retomada do idealismo alemão, como sugeriu o precoce leitor Rodrigo Brucoli, estamos diante de uma reflexão sobre a relação entre sujeito e objeto. Outra tentativa seria acompanhar um dos guias teóricos aqui empregados, Michel Foucault, para percebermos que, mais do que uma relação com os manuscritos, esta empreitada propõe uma relação com os discursos, avivada pela instabilidade colocada em jogo pelos próprios manuscritos.

Assim, numa tentativa de resumir a estrutura do que aqui nos é proposto, temos um leitor que se coloca a seguinte questão: pretendo ler manuscritos, como devo proceder? No primeiro capítulo vemos uma primeira proposta, que, partindo do foco no objeto, se mostra insuficiente e aponta problemas que devemos resolver. Partimos então para o capítulo seguinte, uma segunda tentativa de abordar esse objeto, que se revela, em sua performatividade, ainda insuficiente. Ocorre então uma parada, que, a partir de uma retomada tanto de trabalhos consagrados como de propostas em curso, prepara-nos para o capítulo derradeiro. Este, contrariamente ao que se poderia esperar, mas coerente com o que o precede, não nos brinda com soluções, mas com a melhor conclusão possível para uma introdução à atividade crítica: aberturas eternas; fogos de artifício, como queria Foucault; direções possíveis, que não ignoram os desvios a serem enfrentados e não se furtam a enfrentar grandes problemas teórico-críticos. A crítica genética, como as demais propostas de leitura do objeto literário, não se constitui como discurso autárquico. Os discursos entrecruzam-se, apontando problemas nem sempre seguidos de soluções coerentes e possíveis no momento. Não há chaves críticas possíveis, bulas, cartilhas.

Nada mais propício para a crítica genética hoje, para a atividade crítica hoje. Assim como anunciado pelos críticos e plasmado nas referências bibliográficas e citações, este trabalho decidiu enfrentar os desafios que os pesquisadores desta área, mais especialmente os membros do Laboratório do Manuscrito Literário, vêm se propondo nos últimos anos e, mais recentemente, em intervenções no Encontro Internacional da APML (Associação dos Pesquisadores do Manuscrito Literário), Leituras do Processo, de 2005. Vemos que o inédito diálogo iniciado com praticantes de outros percursos críticos deve continuar.

Por fim, só nos resta incentivar, com grande entusiasmo, a leitura desta explosão provocada na crítica genética praticada no Brasil e retomar a fórmula de Milton Santos que bem traduz a prática entre Claudia Amigo Pino e Roberto Zular:

A crítica é a atividade que leva a uma problematização efetiva. Espero que essa atitude que os trouxe até aqui, plasmando dez anos de interlocução em texto, os guie sempre.

VERÓNICA GALÍNDEZ JORGE

Para Philippe Willemart

APRESENTAÇÃO

Não é fácil para nós, que tivemos contato com a crítica genética há pouco mais de dez anos, escrever uma introdução sobre o assunto. Antes de nós, houve pelo menos duas gerações de pesquisadores: a dos fundadores da crítica genética na França, no final dos anos 60, e a dos introdutores da disciplina no Brasil, nos anos 80.

O fato de pertencermos a uma geração tardia nos liberou de alguns procedimentos próprios das introduções. Em primeiro lugar, não sentimos necessidade de "vender" o nosso produto. Hoje, a crítica genética, mesmo no Brasil, já está institucionalizada, conta com vários grupos de pesquisa, uma ativa associação de pesquisadores e uma revista, a *Manuscrítica*, publicada semestralmente. Em segundo lugar, não vimos a necessidade de elaborar nem um vocabulário nem instrumentos específicos para o campo, já que isso foi amplamente desenvolvido em outros livros aqui citados. Finalmente, decidimos não descrever uma disciplina positiva, sem conflitos, porque não é o que se pode observar desses trinta anos de prática.

Mais do que fechar e convencer, nosso objetivo aqui foi abrir e problematizar. Isso não significa que este livro não sirva para um iniciante no estudo dos manuscritos. Não abrimos mão de descrever a teoria e os procedimentos usados pelos geneticistas, mas o fizemos apontando problemas e procurando saídas (embora algumas vezes elas não tenham sido encontradas, somente sugeridas). Para isso, buscamos a ajuda de outras disciplinas, como a história, a filosofia, os estudos culturais e, principalmente, a teoria literária, em suas mais diversas correntes.

O livro está dividido em quatro capítulos. No primeiro, concentramo-nos na teoria dos estudos genéticos e especialmente na noção de processo. Tentamos entender o surgimento desse conceito, seu uso e como ele se tornou um empecilho para a interpretação dos manuscritos. Como saída, propusemos trabalhar a escrita não mais como um processo, mas como espaço de descontinuidades, hesitações, rupturas. Para abordar esse espaço, seguindo Michel Foucault, consideramos necessário estudar as práticas que o geraram.

Dedicamos nosso segundo capítulo a essas práticas. Especificamente, tentamos entender a escrita como tecnologia, o papel dessa tecnologia no Brasil, as relações com a oralidade e o caráter performativo da escrita literária. A escolha dessas práticas não exclui outras entre as muitas que confluem para a existência de espaços de escrita, como as práticas da edição, da recepção literária, e do arquivamento da escrita, para citar alguns exemplos que serão tratados no último capítulo. Mas consideramos que nossa escolha permitiu ao menos vislumbrar a rede institucional que um pesquisador deve levar em conta ao estudar um manuscrito. É importante entender que em nenhum momento afirmamos que essas práticas são determinantes da escrita. Elas estão presentes na enunciabilidade de um manuscrito, mas é preciso entender como essas práticas alteram a linguagem e seus usos no âmbito da literatura.

No terceiro capítulo, centramo-nos na própria prática da crítica genética. Ali, tentamos resolver as dúvidas básicas dos iniciantes: por onde começar um estudo genético, se devemos partir da obra ou dos documentos, se é possível trabalhar com manuscritos transcritos, como elaborar recortes de pesquisa e como podem ser lidos esses recortes. Embora seja uma seção bem menos teórica do nosso livro, não abandonamos as nossas preocupações iniciais e procuramos criar alternativas à reconstituição do processo de criação, considerado até agora o objetivo das pesquisas genéticas. Também tentamos sugerir formas de estudar as práticas da escrita a partir das descontinuidades dos documentos, mas temos consciência de que esta é apenas uma proposta e de que esse trabalho ainda deve ser desenvolvido, seja por nós mesmos ou pelas próximas gerações de pesquisadores.

No quarto capítulo, voltamos à teoria, especificamente à teoria literária. Nossa preocupação com o manuscrito, com as suas descontinuidades e com as práticas em que elas estão inseridas afastou-nos um pouco das análises literárias, a base das pesquisas em nossa área. Mas como ligar a teoria de Foucault, tão preocupada com o funcionamento das instituições, às mudanças formais de um poema, por exemplo? Alguns pensadores da teoria crítica, como Benjamin e Adorno, podem nos dar essa resposta, já que os seus estudos ligam o funcionamento da sociedade às descontinuidades da forma. Não cabe neste livro a extensa tarefa de ligar o seu pensamento ao de Michel Foucault e ao de outros pós-estruturalistas, porém esboçamos algumas possíveis relações. Terminamos o capítulo com uma indagação: por que os estudos genéticos, e os outros estudos que trabalham com a noção de processo, têm abandonado a preocupação com a forma? Não seriam necessários novos modos de inteligibilidade que dessem conta dessa tensão entre processo e forma? Não formulamos claramente a resposta, mas buscamos alguns caminhos para respondê-la.

Dessa maneira, afirmando e descrevendo a crítica genética e ao mesmo tempo reforçando o viés crítico, nosso livro cria uma "crítica genética ao quadrado". Roland Barthes defendia que a crítica era uma literatura sobre a literatura, ou seja, uma literatura ao quadrado. Para ele, era impossível pensar a ficção sem ficcionalizar. Analogamente, aqui defendemos que é impossível pensar a crítica sem criticá-la.

Um último esclarecimento: por mais que tenhamos criado relações com outras disciplinas, e forçado uma abertura da crítica genética, ativemo-nos ao âmbito da literatura. Sabemos que é possível extrapolar muitas de nossas propostas para outras artes, até mesmo para o discurso científico, porém essa aplicação não é óbvia nem simples para nenhum pesquisador, quanto mais para estes dois, que já não acharam poucas as questões suscitadas pela especificidade da literatura.

Talvez o caráter aberto deste livro se deva ao fato de que ele não é exatamente uma obra, mas a reprodução de um diálogo travado entre nós mesmos, os autores, há quase dez anos. Nesse tempo, outros pesquisadores têm integrado esse diálogo e, portanto, são vozes presentes neste livro. Entre eles, gostaríamos de destacar todos os membros do Laboratório do Manuscrito Literário, especialmente Verónica Galíndez Jorge, Maria da Luz Pinheiro de Cristo, Teresinha Meirelles, Rosie Mehoudar, Carla Cavalcanti e Silva e Conceição Aparecida Bento. Também colaboraram com leituras e acesso aos manuscritos Gênese Andrade, Marcos Natali e Mônica Gama. Mais do que um agradecimento, todos eles têm aqui o nosso reconhecimento.

Quando você entende, você já está criticando.
Porque a crítica é o entendimento que
leva a essa problematização efetiva.

Milton Santos

CAPÍTULO 1

DA CRÍTICA DO PROCESSO À CRÍTICA AO PROCESSO

Nos últimos anos, especialmente no Brasil, a crítica genética vem sendo chamada de crítica do processo. Mas que processo é esse? Explorando esse conceito, faremos, nesta parte, um resgate da história da crítica genética, elucidando suas principais diretrizes e analisando os problemas que implica. Depois, tentaremos elaborar uma nova proposta teórica para a disciplina, que não poderia mais ser chamada de crítica do processo, mas de crítica ao processo.

1. A crise de 1968

Maio, 1968. Nas ruas de Paris, os estudantes armavam barricadas, atiravam pedras, faziam grandes passeatas. A reclamação, no início, era pontual: expressava apenas o medo do processo de seleção para o ingresso nas universidades. Depois, o movimento tomou dimensões inesperadas: junto com os sindicatos, os estudantes pediam a mudança total do sistema, pediam uma revolução operária, pediam o que, no contexto da França de De Gaulle, parecia impossível.

A razão dessa mudança de demandas era bastante concreta, ao contrário do que se pode pensar: a seleção para o ingresso nas universidades indicava que, nessa sociedade, o ensino universitário não poderia ser para todos, assim como a promessa de uma futura ascensão social. Os estudantes e intelectuais se viram portadores dessa "boa-nova" do capitalismo, porém pouco podiam fazer: não constituíam uma parcela representativa da sociedade, suas greves em nada afetavam a produção e suas manifestações eram consideradas um "psicodrama nas ruas", como definiu o historiador Raymond Aron.

Não é possível dizer que os acontecimentos de maio de 1968 não tenham tido conseqüências. Afinal, eles implicaram o fim do governo De Gaulle, incentivaram vários sindicatos a proclamar a greve e provocaram o aumento das vagas oferecidas na universidade. Porém a conseqüência que nos interessa aqui não está relacionada à política, mas à produção intelectual.

Com a repressão das barricadas, professores e estudantes não interromperam seu ato de anunciar os limites do capitalismo. Optaram por transferi-lo para um meio menos arriscado e que, ao mesmo tempo, poderia ser mais eficiente como gerador de reflexão: o papel. A partir dos anos 70, a intelectualidade francesa entra em um novo período produtivo, chamado pós-estruturalismo, no qual propostas neomarxistas e a teoria estruturalista dos anos 60 se fundem, dando lugar a novos paradigmas em várias áreas.

Em teoria literária, o estruturalismo esteve centrado no estudo do texto, em detrimento do estudo do autor, das condições sociais ou de qualquer outro elemento externo. O movimento não foi o primeiro a levantar essa bandeira – podemos colocar Marcel Proust também nessa linha –, porém talvez tenha sido o mais claro em defender que "a linguagem fala da linguagem", e não de outro significado abstrato, como explicita Roland Barthes:

A crítica não é uma tradução, mas uma perífrase. Ela não pode pretender encontrar o "fundo" da obra, porque esse fundo é o próprio sujeito, ou seja, uma ausência: toda metáfora é um signo sem fundo, é esse território longe do significado que o processo simbólico, em sua profusão, designa: a crítica só pode continuar as metáforas da obra, não reduzi-las: mais uma vez, se há na obra um significado "profundo" e "objetivo", o símbolo é apenas um eufemismo, a literatura é um disfarce e a crítica só pode ser filologia.[1]

Os estruturalistas propuseram duas formas de levar a cabo essa perífrase, ou essa continuação das metáforas da obra. A primeira, desenvolvida pelo próprio Barthes, foi chamada de "análise textual" e tinha como objetivo o estudo de apenas um texto literário, a partir da exploração dos sentidos emanados na leitura. É importante entender que esse tipo de análise interrompia o que até o momento era a linha dominante nos estudos literários: a interpretação. Como já tinha defendido em *Critique et verité*, seu objetivo não era chegar a nenhum "fundo", mas entender a maneira pela qual os diferentes níveis ou códigos do texto (personagens, ações, símbolos, enigmas, referências culturais etc.) se relacionam:

> A análise textual não busca *descrever* a estrutura de uma obra; não se trata de registrar uma estrutura, mas antes de produzir uma estruturação móvel do texto (estruturação que se desloca de leitor a leitor ao longo da História), de permanecer no volume do significante da obra, na sua *significância*. A análise textual não procura saber por que o texto é determinado (reunido como termo de uma causalidade), mas antes como ele explode e se dispersa. Vamos tomar então um texto narrativo, uma narrativa, e vamos lê-la, tão lentamente quanto for preciso, parando tão freqüentemente quanto for necessário (a *folga* é uma dimensão capital do nosso trabalho), tentando localizar

▼ ▼ ▼ ▼ ▼

1. BARTHES, Roland. *Critique et vérité*. Paris: Seuil, 1966, p. 72. [Trad. bras. *Crítica e verdade*. Trad. Leyla Perrone-Moisés. São Paulo: Perspectiva, 2003.]

e classificar *sem rigor* não todos os sentidos do texto (seria impossível, pois o texto é aberto ao infinito: nenhum leitor, nenhum sujeito, nenhuma ciência pode parar o texto), mas as formas, os códigos segundo os quais os sentidos são possíveis. Vamos localizar as *avenidas* do sentido.[2]

Barthes procurava se diferenciar com a outra forma de perífrase proposta pelos estruturalistas, conhecida como "poética estrutural", praticada, entre outros, por Tzvetan Todorov. Ao contrário da análise textual, a análise estrutural procurava, sim, alguma coisa "além do texto". Porém, ela não podia ser definida como um significado profundo, ou uma verdade de outra ordem, mas como uma propriedade de todo discurso literário. A partir da análise de um texto, seu objetivo era procurar certas estruturas comuns a todas as narrativas:

> Não é a própria obra literária o objeto da atividade estrutural: o que ela interroga são as propriedades desse discurso particular que é o discurso literário. Toda obra é então considerada apenas a manifestação de uma estrutura abstrata muito mais geral, da qual ela é apenas uma das realizações possíveis.[3]

Os teóricos estruturalistas não renegaram suas propostas, mas foram eles mesmos que apontaram seu limite. Por exemplo, Gérard Genette, em *O discurso da narrativa*, percorre todas as categorias narrativas (voz, tempo, modalização etc.) para chegar à conclusão de que o que caracteriza a obra de Proust é a fuga da categorização. Já o próprio Todorov decide mergulhar na redescoberta da obra de Mikhail Bakhtin, que se centra não na obra, mas no diálogo entre os textos, os leito-

▼▼▼▼▼

2. BARTHES, Roland. *A aventura semiológica*. Trad. Mário Laranjeira. São Paulo: Martins Fontes, 2001, p. 304.
3. TODOROV, Tzvetan. "La poétique structurale". In: DUCROT, O. et al. *Qu'est-ce que le structuralisme?* Paris: Seuil, 1969, p. 102. Tradução dos autores.

res e a cultura. É também essa a atitude de Julia Kristeva, cujos primeiros escritos tentam elaborar matemas para definir o romance, e que depois proporá entender a obra não mais como um conjunto de significantes e significados, mas como um processo de significância sem fim.

Assim, entre os próprios defensores mais rígidos do estruturalismo, surgia a necessidade de apontar, tal como em maio de 1968, o limite da estrutura. Porém, como fazê-lo? Era impossível voltar aos significados totalizadores, matrizes das práticas de interpretação. Ao mesmo tempo, a história e as explicações marxistas estavam batendo à porta das universidades. Ou melhor, estavam marchando, armando barricadas, jogando pedras nas janelas.

Nesse momento de crise, surge a crítica genética.

2. Gênese da gênese

Paris, 1968. Um grupo de germanistas é convocado para organizar os manuscritos de Heinrich Heine, que tinham acabado de chegar à Biblioteca Nacional da França. Os pesquisadores percebem que têm em mãos um material privilegiado para esse momento de crise na crítica literária. Como os manuscritos constituem, de qualquer forma, um material, eles podem ser abordados a partir das teorias estruturalistas. No entanto, como esse material é um testemunho de um movimento, ele permite abrir pelo menos uma fresta da porta para a história:

> Essa corrente de crítica genética se inscreve simultaneamente em continuidade e em ruptura com o estruturalismo. Por sua consideração das transformações, das variações, da historicidade, ela oferece uma perspectiva diferente da corrente estrutural mais fechada e mais formal. Mas há continuidade em relação a um outro aspecto importante do estruturalismo, o qual consistiu em dar um estatuto mais

objetivo aos estudos literários, sobretudo ao enfatizar a noção de texto, sendo este último apresentado como objeto científico que se estuda como tal: foi dessa ambição que saímos.[4]

Além dessa vantagem teórica, duas vantagens práticas seriam logo essenciais para a institucionalização da disciplina, embora, como logo veremos, também serão origem de seus impasses. Por um lado, no momento em que a produção em ciências humanas é avaliada a partir de critérios das ciências exatas, a crítica genética propõe um material inédito: os manuscritos ou documentos de processo não publicados pelo autor. A originalidade da pesquisa torna-se indiscutível. Por outro lado, a crítica genética permite dar uso a um material de arquivo que tinha sido menosprezado como objeto de conhecimento durante o estruturalismo e é de grande importância para a política cultural francesa. É difícil imaginar a França sem seus monumentos: eles garantem – em um esforço de preservação dos ministérios da Cultura – o status de "berço da civilização" do país. E os manuscritos dos grandes arquivos de escritores são os monumentos literários da França, como veremos adiante.

Em 1982, o grupo de pesquisadores de Heine transforma-se em uma instituição, o Institut de Textes et Manuscrits Modernes (ITEM), ligado ao Centro Nacional da Pesquisa Científica da França (CNRS). No novo instituto, os pesquisadores organizam-se em grupos ligados ao estudo dos acervos dos grandes escritores franceses (Flaubert, Zola, Proust e Sartre)

▼▼▼▼▼

4. DOSSE, François. *História do estruturalismo. 2. O canto do cisne, de 1967 a nossos dias.* São Paulo: Ensaio/Campinas: Editora da Unicamp, 1994, p. 411. A última frase da citação foi extraída de uma entrevista com Louis Hay, um dos fundadores da crítica genética.

e em outros que têm como objetivo pensar os manuscritos a partir de visões específicas, como a lingüística, a autobiografia e a informática.

Philippe Willemart, professor de literatura francesa da Universidade de São Paulo (USP), é o primeiro pesquisador brasileiro a ter contato com a crítica genética. Dedicado ao estudo da relação entre psicanálise e literatura, Willemart percebe, a partir da orientação de Jean Bellemin-Noël, que o manuscrito é um lugar privilegiado para estudar o funcionamento do inconsciente. Assim, debruça-se inicialmente sobre os manuscritos de Flaubert e decide ministrar um curso de pós-graduação sobre a crítica genética. Desse curso participam vários pesquisadores que trabalhavam com manuscritos, mas ainda não sabiam que tipo de exploração teórica eles poderiam ter. Pouco tempo depois, eles formariam a Associação dos Pesquisadores do Manuscrito Literário (APML) e criariam diversos grupos de pesquisa de manuscritos em todo o Brasil, alguns centrados em acervos de escritores (no caso do grupo Mário Andrade, do Instituto de Estudos Brasileiros – IEB), outros em visões teóricas (como o Laboratório do Manuscrito Literário, da Faculdade de Filosofia, Letras e Ciências Humanas – FFLCH, que parte de um diálogo com a psicanálise, e o Centro de Estudos de Crítica Genética da Pontifícia Universidade Católica – PUC, que se sustenta em um diálogo com a semiótica pierceana).

3. Filologia e crítica genética

Não era a primeira vez que pesquisadores em literatura se deparavam com os manuscritos.

Uma disciplina bem mais antiga que a crítica literária fez deles o seu objeto durante séculos: a filologia. Embora suas origens estejam na Grécia helenista, ela ganhou seu principal impulso durante o Renascimento. Os leitores humanistas, como Petrarca, teriam exigido o fim da mediação nos novos livros, ou seja, a retirada dos comentários e das ilustrações que "guiavam" a leitura dos textos. Seu objetivo era elaborar a própria interpretação dos textos, especialmente dos textos clássicos. Porém, esses textos já carregavam certa mediação: os escribas medievais teriam feito alterações a cada cópia que realizavam. Era necessário então colocar-se à procura do texto original: este foi o gesto inaugural da filologia moderna.

Dessa forma, a filologia define-se como a busca das origens, seja de um texto, seja – mais tarde – de uma língua. Seu material são os manuscritos; naquele momento inicial, os manuscritos antigos, medievais e públicos. Supostamente, com a emergência do texto impresso e o desaparecimento dos copistas, não seria necessário partir em uma busca dos originais dos textos renascentistas ou de épocas posteriores. A filologia então não se ocuparia desse novo material que começava a surgir com a imprensa: os documentos de trabalho, ou manuscritos privados. Esses documentos, assim, sequer eram conservados, careciam de valor cultural.

Porém, no início do século XIX, o Romantismo alemão levaria, por um lado, a filologia a se interessar por esses manuscritos e, por outro, os escritores a conservar esses documentos.

Pensadores como Schlegel, Schelling, Ast e Schleiermacher propõem não mais procurar o texto original, mas restituir a história do texto, com suas influências, suas fontes e, é claro, seus manuscritos[5].

Antes, o objetivo da filologia estava ligado ainda à busca de uma origem, porém esta muda de sentido. O original não é mais o objeto inicial, que fora deturpado pelos copistas, mas

▼ ▼ ▼ ▼ ▼

5. Ver RIGHI, Gaetano. *Historia de la filología clásica*. Barcelona: Labor, 1967.

um objeto final, que tivera inúmeras variantes até chegar à "expressão da genialidade do autor", para usar um termo romântico. O trabalho do filólogo consistirá em mostrar ao leitor esse caminho até a originalidade a partir da busca, da decifração, do estudo e da ordenação cronológica das variantes manuscritas de uma mesma obra.

Na França, um dos maiores representantes dessa corrente foi o crítico francês Gustave Lanson (1857-1934), que tem sido colocado de lado pela crítica literária desde o estruturalismo. Para ele, as operações da crítica literária deveriam contemplar, por um lado, a identificação da autenticidade do texto (como a filologia clássica) e, por outro, entender o caminho da criação até a edição dada pelo autor. Também é preciso destacar o papel atribuído a outra busca de origens: a pesquisa das fontes. Para os defensores dessa filologia literária moderna, é fundamental conhecer a origem das idéias para os romances, em quais pessoas estão baseadas as personagens, de qual *fait divers* surgiu a intriga. Revisemos uma lista (abreviada) das questões que todo crítico literário deveria colocar ao texto, segundo Lanson:

1º O texto é autêntico? Se não, é ele falsamente atribuído ou totalmente apócrifo?

2º O texto é puro e completo, sem alteração nem mutilação? [...]

3º Qual é a data do texto? A data da composição, e não só a de sua publicação. A data das partes, e não só aquela por alto do todo.

4º Como o texto se modificou da edição *princeps* à última edição dada pelo autor? e que evoluções de idéias e de gosto se inscrevem nas suas variantes?

5º Como o texto se formou, do primeiro esboço à edição *princeps*? Que estados de gosto, que princípios de arte, que trabalho de espírito se manifestam nos rascunhos e nos esboços, se estes foram conservados?

6º Estabeleceremos a seguir o sentido literal do texto. O sentido das palavras e das expressões pela história da língua, a gramática e a sintaxe histórica. O sentido das frases, pelo esclarecimento dos vínculos obscuros, das alusões históricas ou biográficas.

7º. Depois estabeleceremos o sentido literário do texto. Quer dizer que definiremos os valores intelectual, sentimental e artístico. [...]
8º. Como a obra se fez? De qual temperamento, reagindo a que circunstâncias? Isso, é a biografia que no-lo diz. De quais materiais? Isso, nós o apreendemos pela pesquisa das fontes: compreendamos essa palavra no seu sentido largo, e não procuremos apenas as imitações evidentes e as demarcações grosseiras, mas todas as marcas, todos os rastros da tradição oral ou livresca. É preciso puxar nesse sentido até o limite extremo das sugestões e das colorações perceptíveis.
9º. Qual foi o sucesso, e qual foi a influência da obra? [...][6]

É importante entender que, embora Lanson propusesse todos esses passos, eles não eram desenvolvidos tal como poderiam ser hoje. Sua reconstituição do processo de criação, por exemplo, visa demonstrar como o autor escrevia bem ou como era privado de um dom natural, como mostra o geneticista Jean-Louis Lebrave em um texto-chave para entender as diferenças entre crítica genética e filologia[7]. Mas, apesar de sua obra estar defasada, os passos determinados por Lanson deram origem a um trabalho até hoje desenvolvido pelos estudiosos da literatura: as edições críticas.

> Enfim, esta história do texto encontra seu desfecho em uma edição crítica que constitui o ponto culminante do trabalho do filólogo; ali ele apresenta o resultado de sua reconstrução e justifica suas escolhas em um aparato crítico geralmente volumoso, que recolhe o conjunto das variantes.[8]

▼ ▼ ▼ ▼ ▼

6. LANSON, Gustave. *Essais de méthode, de critique et d'histoire littéraire* (rassemblés et présentés par Henri Peyre). Paris: Hachette, 1965, pp. 43-6 (trecho traduzido por Rosie Mehoudar).
7. LEBRAVE, Jean-Louis. "Crítica genética: uma nova disciplina ou um avatar moderno da filologia?" Trad. Teresinha Meirelles. In: ZULAR, Roberto (org.). *Criação em processo – ensaios de crítica genética*. São Paulo: Iluminuras, 2002, p. 107.
8. ZULAR, Roberto, op. cit., p. 107.

No que os manuscritos da filologia são diferentes do objeto da crítica genética? Não podemos esquecer que a primeira equipe de geneticistas era também uma equipe de germanistas, contratados para estudar os manuscritos de um romântico alemão (Heinrich Heine). Eles não desconheciam a filologia, e certamente não inventariam um novo nome para uma disciplina com vários séculos de existência.

Porém, não podemos esquecer também que os integrantes dessa equipe eram lingüistas. E ninguém era lingüista em Paris naquela data sem ter forte vínculo com as idéias estruturalistas. Assim, já temos uma pista do que fez esse objeto manuscrito parecer diferente daquele da filologia: ele foi visto com um olhar estruturalista. E como esse olhar fazia dele um objeto diferente?

O estruturalismo tinha matado o autor. Explorar a individualidade, assim, não fazia mais sentido: o texto era valioso não porque tivesse sido elaborado por um gênio, mas porque o leitor podia lê-lo e escrever outro texto mental (sua crítica) a partir dele. O crítico não pode mais explorar o universo da individualidade do autor: sua vida, seus documentos, suas fontes já não interessam. É preciso entender o que no texto produz sentido para o leitor ou, como Barthes chamou, "a estruturação móvel do texto". Assim, os manuscritos não são mais um objeto de fetiche para os estruturalistas. De fato, não cabem em seu sistema. São vistos como um material inútil para a leitura do texto original. No entanto, podem ser um material útil para outro objetivo: vislumbrar o movimento no qual esse texto está inserido, ou sua historicidade, exatamente o motivo da crise do estruturalismo em 1968.

Dessa forma, a crítica genética surgida no âmago da crise do estruturalismo verá os manuscritos de maneira muito diferente da filologia. Enquanto esta os vê como referência para a leitura de um texto original, para a crítica genética são portadores de um movimento, que pode ser considerado o processo de criação literária. Para compreender esse movimento, não basta descobrir e apresentar as variantes para o leitor em uma edição crítica, mas encontrar outra estruturação móvel, agora aplicável à criação.

A nova disciplina então trabalhará com um objeto novo, que escapa às estruturas (os manuscritos como portadores de um movimento), a partir de um olhar estruturalista (já que propõe elaborar uma estrutura desse movimento).

4. Um objeto que escapa às estruturas

Como já vimos, o objeto da crítica genética não são simplesmente os manuscritos modernos, mas os manuscritos como portadores do processo de criação, ou o processo de criação observado a partir dos manuscritos.

Por essa razão, a noção de manuscrito, para a crítica genética, difere um pouco de seu uso comum: por manuscrito entende-se qualquer documento no qual seja possível encontrar um traço do processo de criação, e não necessariamente os manuscritos autógrafos (do próprio punho do escritor). Assim, a crítica genética considera manuscritos, por exemplo, a correspondência do autor (se nela há discussões sobre a criação de suas obras), os datiloscritos (versões datilografadas diferentes do texto publicado) ou mesmo as gravações de voz com idéias sobre uma obra. Para evitar confusões, a geneticista brasileira Cecília Almeida Salles propôs o nome "documentos de processo" para se referir aos manuscritos objeto da crítica genética[9].

▼ ▼ ▼ ▼ ▼

9. SALLES, Cecília Almeida. *Crítica genética: uma (nova) introdução.* São Paulo: Educ, 2000.

Da mesma forma, o fato de um manuscrito ser autógrafo não garante seu valor para a crítica genética. De nada servem, por exemplo, as cópias limpas de poemas feitas por inúmeros autores no final do século XIX. Se as versões manuscritas não tiverem alguma marca de um trabalho de criação (uma rasura, um traço, ou mesmo um desenho), e se não forem diferentes da versão publicada, não podem servir de documento do processo de criação.

Seria portanto impossível realizar uma descrição exaustiva do estatuto do manuscrito para a crítica genética, porque ele assume formas muito variadas, que podem ter, por sua vez, marcas igualmente variadas do trabalho de criação. Apenas para o leitor familiarizar-se com alguns termos usados na disciplina, apresentaremos aqui algumas formas comuns de manuscritos literários.

A unidade mínima relativa aos manuscritos é chamada de **fólio** e corresponde ao que, na manipulação dos textos, chamamos de "folha". Porém, um fólio não aparece necessariamente encadernado e pode não apresentar as mesmas dimensões do fólio seguinte, como em um livro. Assim, o primeiro fólio de um dossiê pode ser um guardanapo de bar e o segundo, uma cartolina com a árvore genealógica das personagens. Como uma folha, o fólio tem duas faces, **frente** e **verso**, que em geral recebem a mesma numeração[10], mas podem não apresentar o mesmo tipo de escrita. Marcel Proust, por exemplo, começava a escrever na frente dos fólios e, quando ele terminava um caderno, escrevia nos versos, mas no sentido contrário.

Os fólios podem aparecer ordenados de diferentes maneiras dentro de um conjunto de manuscritos. Em primeiro

▼▼▼▼▼
10. Assim, temos, por exemplo, o fólio 23 frente e verso.

lugar, podem compor uma **versão**, um estado mais ou menos acabado de uma elaboração textual. A versão de um romance não é um conjunto de notas dispersas nem um perfil de personagens, mas um texto suscetível de ser classificado no gênero romance, com narrador, personagens, ações etc. Podemos encontrar versões manuscritas de uma obra, versões datilografadas ou – o que é mais comum nos dias de hoje – versões impressas ou digitais. Também é possível referir-se a versões publicadas em diferentes suportes, por exemplo, crônicas primeiro publicadas em jornais e depois compiladas em livros, que apresentem diferenças entre si. Os geneticistas costumam usar a noção de **rascunho** para designar estados de escritura também com gênero relativamente definido, mas que possuem mais marcas de trabalho. Nesse sentido, o rascunho corresponderia a uma etapa um pouco anterior à versão e geralmente seria manuscrito, porém as diferenças não são muito definidas. Antes dessas primeiras versões ou rascunhos, poderíamos localizar os **esboços**, **planos** e **roteiros**, que seriam anotações metaescriturais nas quais o escritor[11] definiria como vai articular seu discurso (ver figura 1). Émile Zola, por exemplo, antes de iniciar a redação de seus romances, redigia um esboço mais ou menos do tamanho de um conto, no qual descrevia, em grandes linhas, as personagens e as ações do romance (ver figura 2). Já Gustave Flaubert, por exemplo, preferia criar planos (uma lista de acontecimentos) e roteiros mais elaborados, nos quais definia cena por cena as ações.

Porém, nem todos os processos de criação apresentam estados prévios estruturados como os descritos anteriormente.

▼ ▼ ▼ ▼ ▼

11. Os geneticistas usam normalmente a palavra *scriptor* para designar o "autor" dos manuscritos que, de fato, ainda não pode ser considerado autor, já que ainda não assinou uma obra. Aqui optamos por não usar esse conceito, já que mais adiante, neste livro, faremos uma releitura crítica dele.

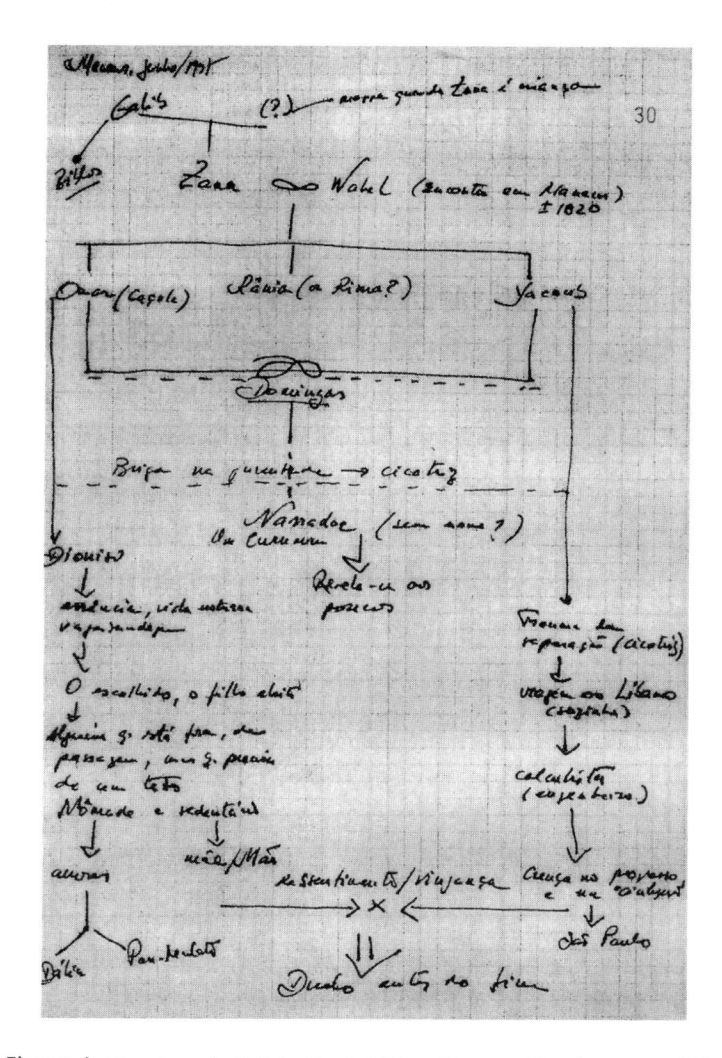

Figura 1. Um plano de *Dois irmãos*, de Milton Hatoum. Um dos poucos fólios manuscritos das vinte e uma versões desse romance pertence a um estágio da escrita anterior à redação propriamente dita, no qual esboça o papel das personagens a partir de uma árvore genealógica. É interessante notar que a ambiguidade e a falta de identidade da personagem-narrador (em torno das quais gira o texto final) não estão determinadas de antemão, revelam-se aos poucos a Hatoum. Ver o centro do fólio: "Narrador (sem nome?)/ Um curumim→/ Revela-se aos poucos."

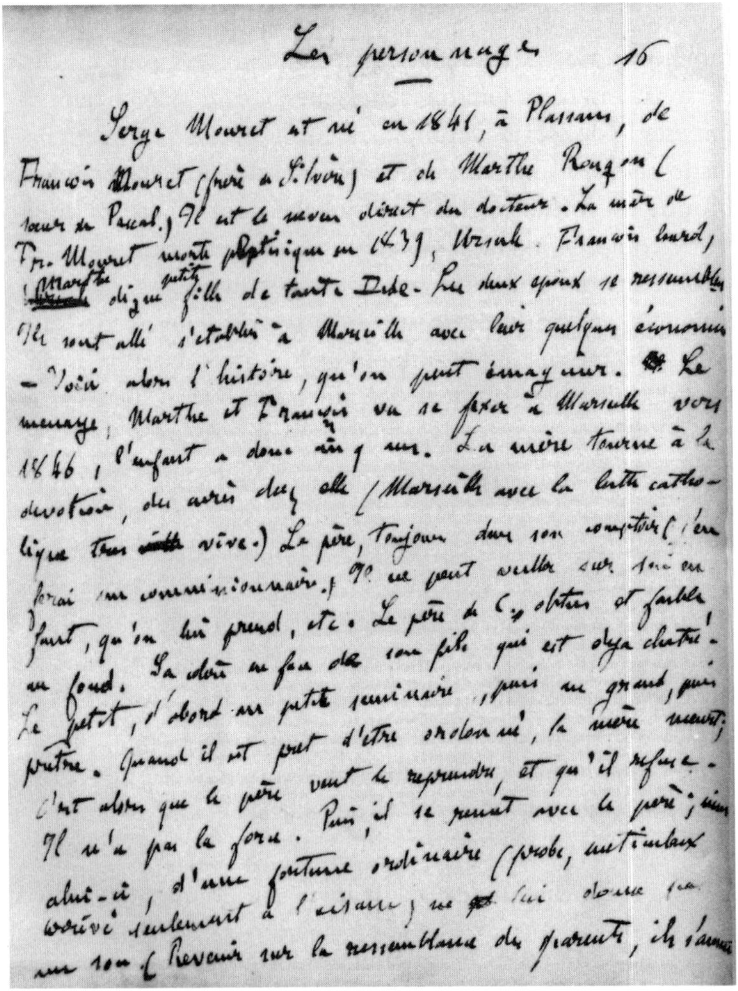
Les personnages 16

Serge Mouret est né en 1841, à Plassans, de

Figura 2. As personagens de *O crime do padre Mouret*, de Émile Zola. O arquivo do autor parece estar baseado na crença de que a criação é semelhante a uma pesquisa científica, dividida em etapas bem determinadas: Esboço, As personagens, Primeiro plano, Segundo plano etc. Aparentemente, cada uma dessas etapas corresponderia a um momento da criação. No entanto, as pesquisas genéticas em torno dos manuscritos de Zola têm mostrado que essas etapas estavam em constante diálogo e modificação, de acordo com as determinações tomadas na fase seguinte, e até na criação de outras obras paralelas.

Muitas vezes, romances ou contos surgem de um conjunto caótico de **notas**, nas quais vários gêneros e instâncias discursivas convivem sem diferenciações. Como não se trata de um estado de escrita definido, ele muitas vezes pode ser chamado pelo seu suporte, por exemplo, **cadernos**, **cadernetas**, **blocos** ou **folhas soltas**. É o caso de muitos autores brasileiros, como Guimarães Rosa, que anotava registros orais, histórias contadas por peões, idéias para contos e descrições de paisagens em um mesmo suporte, **as cadernetas de viagens**. Esse mesmo autor também realizava pesquisas para cada uma de suas obras, o que não é ainda um estado da redação, porém registra etapas iniciais do trabalho de criação. Normalmente, essas pesquisas são chamadas de estudos (ver figura 3); também recebem o nome de seu suporte, como **fichas bibliográficas** ou **marginália** (ver figura 4).

Dificilmente a pesquisa centra-se em apenas um desses manuscritos. Como o objetivo dos estudos genéticos é a percepção de um processo a partir desses documentos, é necessário abordar conjuntos de documentos, chamados também de dossiês. Somente a partir do trabalho comparativo no interior desses dossiês poderemos observar os manuscritos como portadores de um movimento de criação.

5. Um olhar que escapa a seu objeto

Torna-se necessário agora entender como se forma esse olhar sobre o processo de criação, ou o que é essa estrutura móvel à qual nos referimos. Talvez essa seja a parte mais difícil de explicar da crítica genética: há sempre certa desconfiança em relação à possibilidade de estabelecer uma ordem a partir de um objeto tão desordenado.

Não queremos abandonar essa desconfiança. Mais tarde voltaremos a ela para mostrar como é importante para uma

m% - Com Platão, a contemplar a Beleza absoluta.

as religiões mistéricas , o orfismo

a Moira terrível

m% - A vida não passa de uma inflamação do "ser" ; resolve-se
com a morte.

~~m% - ....~~ A Velh,

~~m% - Ela, paisagem e guerra.~~

m% - que age esconsa

m% - e a gastação das pedras noite-dia-e-noite

(m% - Ele, abstrato, lá no pínçaro de um axioma.) "Sakandina"

m% - no entre-respirar

m% - problema remexido e alargado

(m% - sua inteligência em calmaria (sua grande int.)

m% - livre no ar pássaro,

~~m% - ....~~ Circo do Mundial

m% - esplêndida entre esplêndidas

(m% - ... sem fronde. (árvore) Zob=Ucaho

munda sine arte rosa ; (PROPÉRCIO) - roses, superbes et nature.

m% - os ramos límpidos ——————— Jardin ?

m% - seus límpidos óculos

~~m% - o amor a asfixiava.~~

m% - A êsse tempo, ~~ele já estava com Plubão~~   RIACHINHO

m% - de água rápida (RIACHINHO) —————— RIACHINHO

m % - os olhos do sol

m% - piolhos e contradições

m% - Deus e sua tremenda altura abissal.

m% - E êle, fichteanamente, se pensava.

~~m% - o proto-eu profundíssimo de Fichte.~~ "QUEMADMODUM"

m% - cruel, inconceituada (inconceituosa), expansiva beleza

~~rumo incondicional~~

os imperativos hipotéticos (KANT)

m% - fantasia produtiva -

m% - alto vôo de ave, a qual dava-se ares de urubú

m% - de urubba

~~m% - o mais fundo de meu pensamento não entende minhas palavras.~~

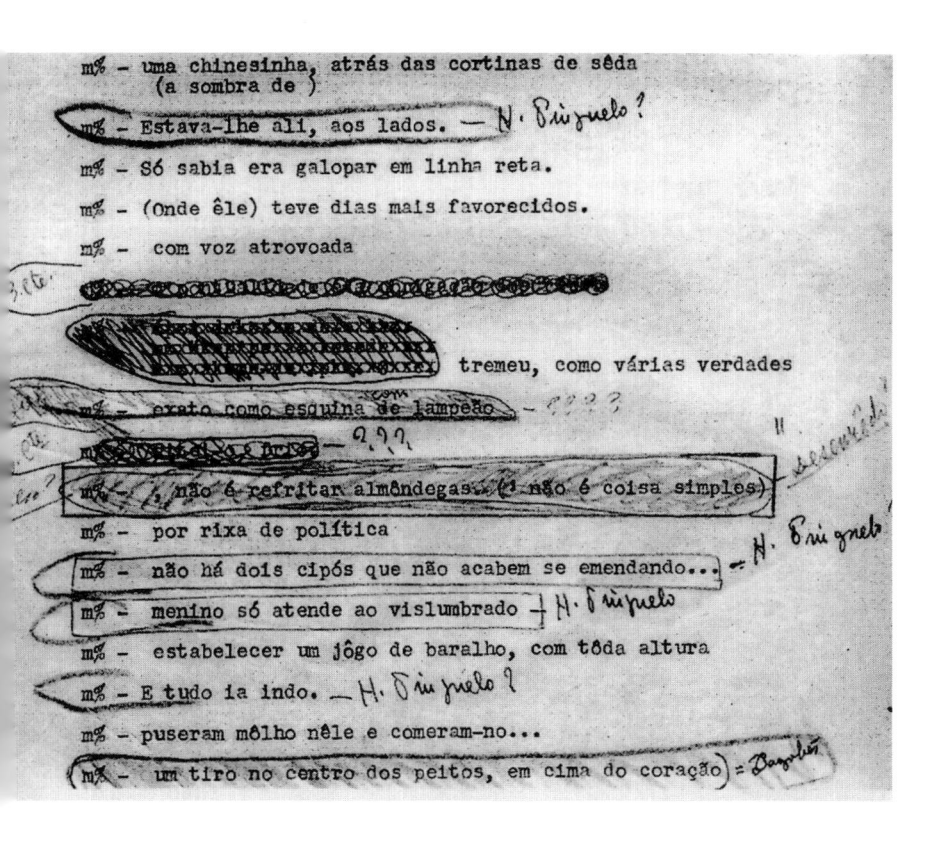

```
m% - uma chinesinha, atrás das cortinas de sêda
      (a sombra de )
m% - Estava-lhe ali, aos lados. — N. Pinguelo?
m% - Só sabia era galopar em linha reta.
m% - (Onde êle) teve dias mais favorecidos.
m% - com voz atrovoada
m% - ▓▓▓▓▓▓▓▓▓▓▓▓▓▓▓▓▓▓▓▓▓▓▓
      ▓▓▓▓▓▓▓▓▓▓▓▓▓▓▓▓▓▓▓▓ tremeu, como várias verdades
m% - exato como esquina de lampeão - ???
m% - ▓▓▓▓▓▓▓▓▓▓ - ???
m% - não é refritar almôndegas (não é coisa simples)
m% - por rixa de política
m% - não há dois cipós que não acabem se emendando... — H. Pinguelo
m% - menino só atende ao vislumbrado — H. Pinguelo
m% - estabelecer um jôgo de baralho, com tôda altura
m% - E tudo ia indo. — H. Pinguelo?
m% - puseram môlho nêle e comeram-no...
m% - um tiro no centro dos peitos, em cima do coração) = Bagrim
```

Figura 3. Estudos para a obra de Guimarães Rosa. O escritor preenchia grandes pastas com estudos específicos, que usaria em toda a sua obra, indiscriminadamente. Entre esses estudos, encontram-se pesquisas sobre plantas, La Fontaine, Dante, Homero, o ar, a terra e russismos, entre outros. Esse fólio pertence à pasta "Estudos de poesia. Expressões", na qual ele retoma elementos da oralidade. A marca "m%" que antecede as expressões tem sido interpretada como "meu cem por centro", o que mostraria uma modificação e apropriação da frase originalmente ouvida. Os acréscimos manuscritos determinam o conto – por exemplo "H Pinguelo" ("História do homem do Pinguelo", do livro póstumo *Estas estórias*) e "Desenredo" (de *Tutaméia*) – ou as publicações – como *Pulso* – nas quais essas apropriações seriam utilizadas.

> *Wéi, o Pai arranjou fogo como está na lenda nº 23, pg. 76, tirando da pedra. Porém quando ele mandou uma ararinha embora ele dá pra arte a pedra de Vatô, pra fazer fogo.*

13. Akalapiźeima und die Sonne

sehr, und die Aasgeier bedeckten ihn immer mehr, denn die Insel war sehr klein.

Da kam *Wéi*, die Sonne. [Es war ein Glück für ihn, weil er ihr viel Maniokfladen gegeben hatte.] Die Sonne nahm ihn in ihr Boot. Sie ließ ihn durch ihre Töchter waschen und ihm die Haare schneiden. Sie machte ihn wieder schön. *Wéi* wollte ihn zum Schwiegersohn haben. *Akālapiźéima* wußte nicht, daß es die Sonne war, und bat *Wéi*, die Sonne zu rufen, um sich zu wärmen, denn er fror sehr, als er gewaschen und in das Vorderteil des Bootes gesetzt war. [Denn es war noch sehr früh am Tag, und die Sonne hatte noch keine Kraft. Deshalb fror er sehr.] Da setzte sich *Wéi* einen Kopfputz aus Papageifedern auf. *Akālapiźéima* hatte mit dem Rücken nach dem Boot zu gesessen. Jetzt sagte *Wéi* zu ihm: „Drehe dich um!" Als er sich umwandte, setzte *Wéi* über den Federkopfputz einen Hut aus Silber auf und legte Ohrschmuck aus Käferflügeldecken[1] an. Da wurde es warm. [Denn es war schon spät geworden.] *Wéi* erwärmte den Mann. Es wurde sehr warm, und er litt unter der Hitze.] *Wéi* führte ihn immer weiter mit sich in die Höhe. Als *Akālapiźéima* sehr unter der Hitze litt, gab ihm *Wéi* Kleider. Da fühlte er die Hitze nicht mehr.

Wéi wollte ihn zum Schwiegersohn haben. Er sagte zu ihm: „Du sollst eine meiner Töchter heiraten, aber lasse dich nicht mit einer anderen Frau ein!" *Wéi* machte Halt an einer Maloka[2] und ging mit seinen Töchtern an Land und in das Haus hinein. Er befahl *Akālapiźéima*, das Boot nicht zu verlassen und sich nicht in eine andere Frau zu verlieben. *Wéi* ging ins Haus. *Akālapiźéima* ging trotzdem ans Land. Da begegneten ihm einige junge Mädchen, die Töchter des Aasgeiers. Der Mann fand sie sehr hübsch und verliebte sich in sie. *Wéi* und seine Töchter wußten nichts davon, denn sie waren in das Haus gegangen. Als sie zum Boot zurückkamen, trafen sie ihn schäkernd inmitten der Töchter des Aasgeiers.

Die Töchter der Sonne schalten ihn aus und sagten: „Hat dir unser Vater nicht gesagt, du solltest im Boot bleiben und nicht an Land gehen? Hat dir unser Vater nicht geholfen, von der Insel wegzukommen? Wenn er dir nicht geholfen hätte, wärest du nicht in diesem guten Zustande, und jetzt verliebst du dich schon in die Töchter des Aasgeiers!" Da zürnte ihm *Wéi* und sagte zu ihm: „Wenn du meinem Rate gefolgt wärest und eine meiner Töchter geheiratet hättest, so wärest du immer jung und schön

---

[1] Buprestis-Käfer, Euchroma gigantea L., dessen grünlich-metallisch glänzende und metallisch klingende Flügeldecken von den Indianern vielfach als Schmuck verwendet werden.
[2] Sippenhaus der Indianer.

Figura 4. A *Marginália*, de Mário de Andrade. O escritor descartava seus estudos preparatórios para as obras e as versões manuscritas de suas obras publicadas. Por isso, supostamente, seria difícil realizar estudos genéticos de seus documentos de trabalho. No entanto, ele deixou um valioso material nas margens dos livros de sua biblioteca. É o caso desse acréscimo manuscrito no livro *Vom Roraima zum Orinoco*, de 1924, de Koch Grünberg, sobre os mitos da Amazônia. Nesse trecho, o livro conta a história de um deus da região sem nenhum caráter chamado Macunaíma. A anotação de Mário mostra a apropriação dessa leitura: "Aproveitar bem esta lauda para demonstrar falta de caráter e cinismo de Macunaíma." Os poucos documentos preparatórios para o livro são reproduzidos e analisados por Telê Ancona Lopes na edição crítica de *Macunaíma* coordenada por ela.

visão crítica da crítica genética. Só por algumas páginas fingiremos que ela não existe e que essa estruturação móvel não é uma utopia, mas um objetivo possível.

Na base dessa utopia, os geneticistas apresentam a noção de **processo**, entendido como uma reconstrução das etapas da criação. Para Almuth Grésillon, por exemplo, uma das fundadoras da disciplina, esse suposto "processo" seria principalmente um processo de leitura, e não de um autor, mas do geneticista. Os manuscritos não constituem em si um processo: é na leitura desses documentos que um processo será construído.

Ao relacionar as tarefas de um geneticista no livro *Éléments de critique génétique* (leitura obrigatória para os novos pesquisadores na área), Grésillon deixa clara a relevância do papel da construção. Segundo a autora, o trabalho do geneticista teria duas partes: a primeira consistiria em **dar a ver** (reunir os manuscritos, classificar, decifrar, transcrever e editar); a segunda, que não seria necessariamente consecutiva, mas muitas vezes paralela à primeira, consistiria em **construir hipóteses sobre o caminho percorrido pela escritura** (identificação de rasuras, acréscimos e elaboração de conjeturas sobre as operações mentais subjacentes)[12].

É interessante perceber que, no Brasil, Cecília Almeida Salles dá aparentemente menos importância ao papel da reconstrução. Para a pesquisadora, o objetivo da crítica genética não é somente refazer, mas "discutir" e "compreender" o processo[13].

Como toda leitura, essa construção se dará a partir de um trabalho, que Grésillon define como uma **tradução dos indícios espaciais em indícios temporais**. Tentemos entender melhor o que significa essa "tradução". Mesmo se às vezes

▼ ▼ ▼ ▼ ▼

12. GRÉSILLON, Almuth. *Éléments de critique génétique*. Paris: PUF, 1993, p. 15.
13. SALLES, Cecília Almeida, op. cit.

encontramos versões manuscritas limpas de muitos textos, em geral os documentos apresentam-se ao pesquisador de forma muito diferente de uma página publicada. No lugar da sucessão de palavras em uma linha, da sucessão de linhas em uma página e da sucessão de páginas em um livro, podemos encontrar em um manuscrito uma palavra em um canto da página, um parágrafo em outro canto, acompanhados de outros registros, como flechas e desenhos. É muito comum também encontrar manuscritos em que cada um desses registros apresenta-se em cores diferentes, até mesmo com letras diferentes. No nível da frase, ou da própria palavra, essa heterogeneidade também está presente na figura da rasura. Assim, no lugar de uma única palavra em uma seqüência, podemos encontrar várias, sobrepostas, tachadas, grifadas.

O manuscrito, assim, não se apresenta como uma seqüência, mas como um espaço heterogêneo, no qual diversos tempos convivem e dialogam entre si. A tarefa do geneticista seria tentar colocar esses tempos dispersos no espaço em uma ordem temporal – não uma ordem perfeita, não uma cadeia indestrutível –, mas em um movimento com direção.

O processo então não é dado, é construído, e consiste na criação de uma seqüência ou cronologia com um sentido determinado, como afirma Grésillon:

> Se o objetivo da leitura "normal" consiste em compreender um escrito, o da leitura de um manuscrito consiste em compreender a gênese de uma escritura, ou melhor, em reconstituir a partir de uma organização espacial a cronologia e o sentido das operações.[14]

No livro *Gesto inacabado*, Cecília Almeida Salles desenvolve mais o que seria esse sentido das operações, que ela cha-

▼▼▼▼▼

14. GRÉSILLON, Almuth. "Méthodes de lecture". In: HAY, Louis, op. cit., p. 149.

ma de **tendência**. Vários artistas teriam já apontado que, ao escrever, desenhar ou esboçar, há um elemento direcionador do processo, que não é claro nem consciente:

> O artista é atraído pelo propósito de natureza geral e move-se inevitavelmente em sua direção. A tendência é indefinida mas o artista é fiel à sua vagueza. O trabalho caminha para um maior discernimento daquilo que se quer elaborar. A tendência não apresenta já em si a solução concreta para o problema, mas indica o rumo. O processo é a explicação dessa tendência. "No começo minha idéia é vaga. Só se torna visível por força do trabalho" (Maillol).[15]

Mas como o pesquisador pode identificar nesse trajeto uma tendência que os próprios artistas consideram vaga? Muitas vezes, essa identificação se faz *a posteriori*, ou seja, quando a obra já está acabada. A primeira versão que lemos de um manuscrito é geralmente a obra final (estudamos um manuscrito porque somos seduzidos, de início, por uma obra publicada). As leituras que fizermos das diferentes versões de um poema e as construções criadas a partir dessa leitura serão feitas da perspectiva da obra final.

Coloca-se outro problema quando devemos procurar uma tendência em textos inacabados, não publicados em vida, que não apresentam uma versão final. Não é impossível chegar a certas linhas a partir da observação de cada escolha, de cada rasura. Mas esse trabalho costuma ser feito paralelamente a outro: observar, na obra anterior do escritor, quais são as escolhas mais comuns, o que distingue seu traço autoral. O cruzamento dessas duas tarefas ajudará a apontar uma tendência.

O estudo de obras inacabadas tem suscitado outra questão que também divide os pesquisadores franceses e brasileiros.

▼ ▼ ▼ ▼ ▼

15. SALLES, Cecília Almeida. *Gesto inacabado – processo de criação artística*. São Paulo: Annablume, 1998, p. 29.

Ao lidar com obras que não foram publicadas em vida pelo autor, é natural questionar o alcance ético dessa escolha. É válido trabalhar e dar a conhecer uma obra que o autor engavetou, não pôde concluir, que, enfim, não corresponde à estética que ele procurava? Uma das respostas dadas a essa pergunta — que sem dúvida aceita muitas outras respostas — poderia ser descrita da seguinte forma: "o valor não estaria na última versão, mas no processo de criação".

Almuth Grésillon, no texto citado, deixa claro que a reconstituição da gênese deve ser considerada um objeto científico. Apesar de reconhecer que um manuscrito pode até encantar pela sua beleza, o processo no qual ele está inserido deve ser encarado não como uma obra de arte, mas como um objeto intelectual.

Para Cecília Almeida Salles, o manuscrito em si não é portador de uma beleza particular, mas o próprio processo: "Há mais beleza na seqüência de momentos hipotéticos e só aparentemente definitivos do que em cada um desses instantes paralisados."[16]

Essa posição exime o geneticista de um grande problema e ao mesmo tempo cria outro. Por um lado, ela o protege de considerar a versão inicial de um romance "uma obra de arte". Assim, a crítica genética aparentemente respeitaria as decisões "autorais" de publicar esta ou aquela versão e não cairia no "erro" apontado muitas vezes de atribuir um valor estético àquilo que o autor não assinaria. Por outro lado, essa posição gera um grande impasse: se o processo não é dado, é construído pelo geneticista, sua beleza então também será construída pelo pesquisador. A teoria elaborada para proteger o autor é, na verdade, um tiro certeiro em suas costas.

▼ ▼ ▼ ▼ ▼

16. Id., ibid., pp. 46-7.

O próprio pesquisador torna-se o sujeito e o objeto da crítica genética[17].

É importante perceber que o objeto da crítica genética não é um texto, um material, mas um processo, não aquele pelo qual o escritor passou, mas aquele que o pesquisador construiu a partir dos manuscritos que esse escritor deixou. Dessa forma, os geneticistas não fazem nada parecido com buscar a "senha" da criação, nem têm o objetivo de recriar, passo a passo, o caminho que o escritor percorreu na elaboração de uma obra, como muitos pensam.

6. Crítica ao processo

Agora voltamos à nossa desconfiança em relação ao processo. Como dissemos, ele aparece como a base teórica da crítica genética, porém aqui tentaremos mostrar que sua reconstituição não pode ser mais do que uma tarefa utópica e que mais obstrui do que contribui para a disciplina.

A noção de processo da crítica genética encontra-se em ressonância com a retomada da historicidade, própria do fim do estruturalismo. No entanto, essa volta não poderia ser simples nem sem conflitos, depois da revolução produzida nas pesquisas históricas pelo estruturalismo e também pela Nova

▼ ▼ ▼ ▼ ▼

17. Em certa medida, também é possível chegar a essas conclusões na crítica literária. Afinal, se considerarmos que a obra é o efeito que ela produz no leitor, como muitos já defenderam, estaremos também considerando o crítico o sujeito e o objeto da crítica literária. Porém, essa posição é assumida, e o objeto de estudo passam a ser os dispositivos do texto que produzem efeitos no leitor. Esse ainda não é o caso do estudo dos manuscritos: os geneticistas ainda não se concentraram em estudar os dispositivos do manuscrito que criam efeitos no leitor. Talvez para isso fosse necessária uma postura muito mais radical em relação ao valor estético dos manuscritos, que iria contra a valorização do autor e dos acervos, e que acompanha o desenvolvimento da crítica genética.

História[18]. Vários pesquisadores de diferentes áreas têm se posicionado de forma crítica à noção de processo, à possibilidade de reconstrução e ao estabelecimento de cronologias. Gostaríamos de apresentar, aqui, a visão de três deles, cujas teorias também ajudarão a compor, mais adiante, uma nova proposta teórica para a crítica genética.

O primeiro deles é Michel Foucault, que afirma, em *L'archéologie du savoir*, que a Nova História teria dado ao documento uma nova função. Antes, os pesquisadores procurariam primeiro estabelecer os movimentos (sociais, históricos, literários) e depois ilustrá-los com documentos. No final dos anos 60, pelo contrário, partiriam do estudo dos documentos, procurariam a sua estrutura, seu funcionamento interno, para somente depois tentar entendê-lo dentro de um eixo processual. Aparentemente, essa seria a posição da crítica genética em relação a seu documento, o manuscrito. No entanto, o caminho do documento ao processo apresentaria dificuldades:

> Ela [a mutação no conhecimento] levou à individuação de séries diferentes, que se justapõem, se sucedem, se atropelam, se entrecruzam, sem que possamos reduzi-las a um esquema linear. Dessa forma apareceram, no lugar dessa cronologia contínua da razão, que fazíamos invariavelmente recuar até à inacessível origem, à sua abertura fundadora, séries algumas vezes breves, diferentes umas das outras, rebeldes a uma lei única, portadoras freqüentemente de um outro tipo de história particular, e *irredutíveis ao modelo geral de uma consciência que adquire, progride e se lembra.*[19]

▼ ▼ ▼ ▼ ▼

18. Recebe o nome de Nova História a corrente ligada à revista *Annales d'Histoire économique et sociale* [Anais da História Econômica e Social], fundada pelos historiadores franceses Marc Bloch e Lucien Febvre em 1929. Eles deram início a uma série de pesquisas baseadas não mais nos grandes movimentos das elites no poder, mas na observação detalhada e metódica de elementos aparentemente banais, como o cotidiano de uma época, de uma localidade, de uma personagem.
19. FOUCAULT, Michel. *L'archéologie du savoir*. Paris: Gallimard, 1969, p. 16. Tradução e grifos dos autores, assim como os dos próximos trechos reproduzidos.

Todo o objetivo da crítica genética é questionado por essa última afirmação de Foucault, já que o filósofo aponta a impossibilidade de estabelecer cronologias contínuas, que reconstituam um caminho desde sua origem. O "processo de criação" ao qual nos referíamos poderia ser definido dessa maneira.

O segundo teórico que gostaríamos de mencionar provém de um âmbito completamente diferente de Foucault, apesar de apresentar várias semelhanças teóricas com ele. Trata-se do crítico antilhano Édouard Glissant, cuja proposta se baseia exatamente em uma visão crítica da cronologia.

Para ele, a necessidade de criar "cronologias" é própria de uma configuração européia, que não corresponderia à forma de conhecimento das culturas "mestiças" (como a da Martinica, sua ilha natal, e, sem dúvida, também do Brasil). As culturas mestiças veriam o mundo como diálogo, como relação entre culturas, e não como imposição de uma cultura. Por isso, as culturas mestiças não teriam lendas relativas à gênese, à origem, como as culturas européias, mas ao choque com outros povos. Elas não teriam a necessidade de uma explicação da filiação, mas de uma teoria da relação.

Na cultura da relação, não haveria busca do tempo perdido. As poéticas européias se caracterizariam, segundo Glissant, pela busca da origem, do instante em que tudo começou. Por isso, existiria, na Europa, o conceito de inspiração, de momento privilegiado da criação em que tudo viria. Tudo estaria organizado em relação a esse ponto inicial, em forma de "cronologia". Tanto críticos como escritores tentam discernir qual é a primeira versão, qual é a segunda, e reconstituir assim a visão do processo.

Para Glissant, essa visão de mundo não seria possível nos países americanos, nos quais não há uma linha contínua na história. Os povos que aqui viviam foram dizimados, criando assim uma rasura inicial, não um ponto inicial. Assim, nossa história não pode ser entendida como sucessão, mas como parada ou choque nessa sucessão: "Nossa consciência histórica não poderia 'sedimentar', se podemos assim dizer, de maneira progressiva e contínua, como para os povos europeus, mas se agregaria sob os auspícios do choque, da contração, da negação dolorosa e da explosão"[20] (ver figura 5).

A crítica à sucessão feita por Glissant apresenta muitas semelhanças com a teoria de Foucault, como já afirmamos, mesmo se o crítico antilhano se refere a uma realidade própria das nações mais novas. Porém, essa semelhança se explicaria porque mesmo os países europeus (ou os Estados Unidos), que insistem em criar cronologias e buscar mitos de origem, vivem hoje grandes ondas migratórias que os colocam diante de culturas diferentes, criando tensões e, ao mesmo tempo, reativando antigos choques da época das colonizações.

As teorias pós-estruturalistas, como a arqueologia do saber de Foucault, estariam ligadas a esse momento na cultura mundial, em que, por um lado, as nações recentes se dão conta de que sua história não deve ser encarada em termos cronológicos e que, por outro, o velho mundo vem enfrentando o convívio, em sua própria terra, com outros povos. A descoberta do objeto manuscrito pela crítica genética e até mesmo pela própria literatura contemporânea[21] também caminharia nesse sentido. Pareceria haver uma tendência mundial à valorização do descontínuo, do heterogêneo, do polimorfo e da palavra rasurada, o que analisaremos mais adiante neste livro.

▼ ▼ ▼ ▼ ▼

20. GLISSANT, Édouard. *Le discours antillais*. Paris: Seuil, 1980, p. 131. Tradução dos autores.
21. Ver capítulo 1 do livro *A ficção da escrita*. (PINO, Claudia Amigo, São Paulo: Ateliê Editorial, 2004).

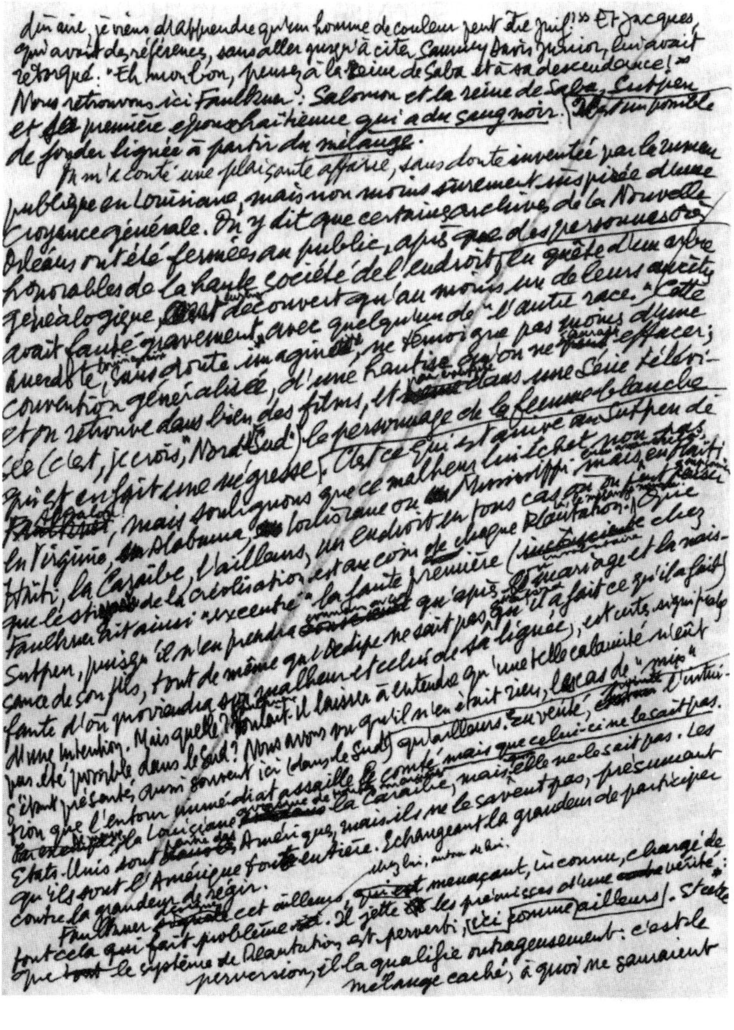

Figura 5. Dois fólios do manuscrito *Faulkner, Mississipi*, de Édouard Glissant. Como em suas propostas teóricas, Glissant escreve subvertendo a linearidade da página e criando campos de relações. Por isso, ele precisa de dois fólios para desenvolver sua escrita: um no qual ele respeita o formato convencional da escrita, outro no qual ele o destrói. Como explica em uma entrevista: "O manuscrito é completamente tradicional, mas nas margens há desenvolvimentos em todos

os sentidos e, por exemplo, na página da esquerda, está o texto, e a página da direita está repleta de acréscimos. E o supremo prazer do trabalho é, uma vez que a gente terminou, recomeçar e reconstituir a totalidade de alguma forma imaculada da página, servindo-se de todos os acréscimos para reconstituir uma coisa." (GLISSANT, Édouard, "Je ne suis pas un bon archiviste!", entrevista com Philippe Artières publicada em *Genesis*, n.º 23. Paris: Jean-Michel Place, 2004, pp. 129 ss.)

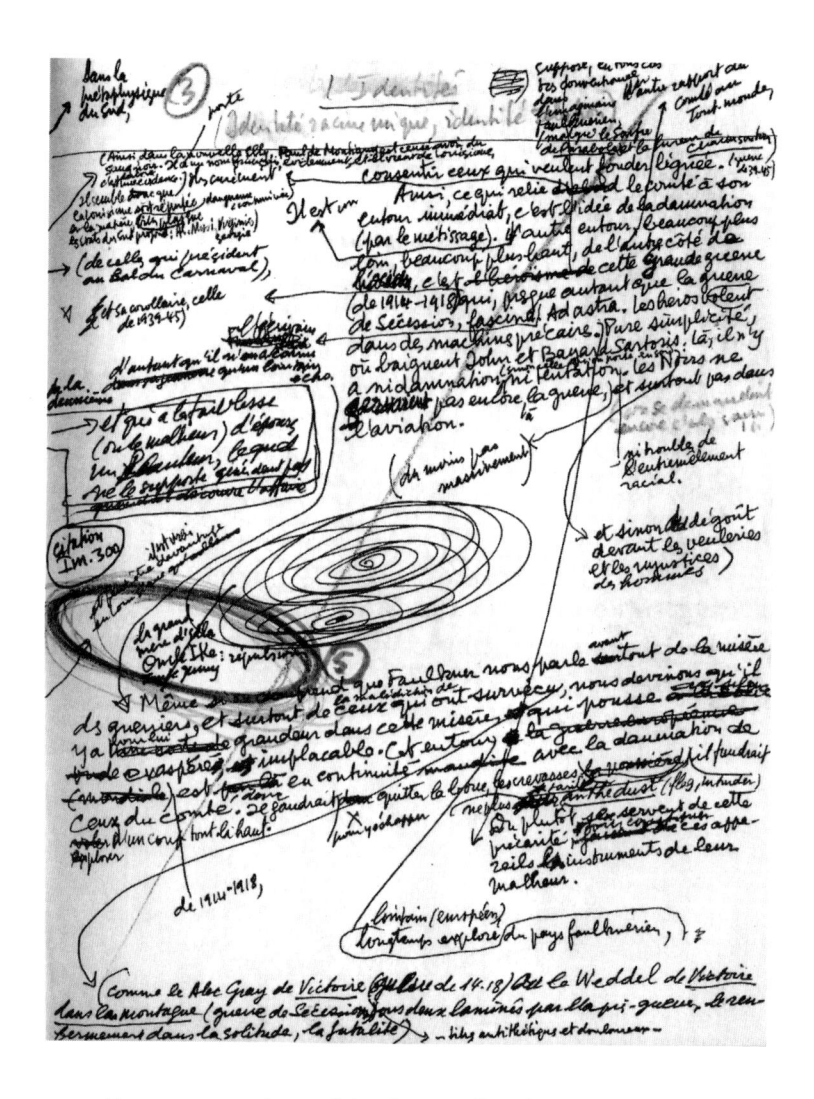

Por enquanto, resta-nos explicar nosso terceiro ponto de vista teórico crítico ao processo de criação. Trata-se das idéias expostas em *A invenção do cotidiano*, de Michel de Certeau, especialmente o volume 1, "Artes de fazer".

O historiador defende que a prática da escrita estaria intimamente ligada ao sistema de produção capitalista. Ela pressuporia a existência de um lugar neutro, a página, que seria transformada durante o ato de escrever, tornando-se um produto, um objeto novo. Esse objeto, de sua parte, não consistiria apenas em um brinquedo, mas teria o poder de se referir a algo externo a ele, a suposta "realidade", e, até, de transformá-lo. Essa idéia mítica que a partir do nada seria possível criar um produto e, com ele, mudar a sociedade sustentaria a sociedade capitalista. Por isso, afirma Certeau, a base da nossa educação seria "aprender a ler e escrever", e todas as nossas idéias de saber, satisfação e poder estariam ligadas a essa nossa educação primordial, que constituiria o mito fundamental do ser burguês:

> O domínio da linguagem garante e isola um novo poder, "burguês", o poder de fazer história fabricando linguagens. Este poder, essencialmente escriturístico, não contesta apenas o privilégio de "nascimento", ou seja, da nobreza: ele define o código da promoção socioeconômica e domina, controla segundo suas normas todos aqueles que não possuem esse domínio da linguagem. A escritura se torna um princípio de hierarquização social que privilegia ontem o burguês, hoje o tecnocrata. Ela funciona como uma lei de educação organizada pela classe dominante que pode fazer da linguagem (retórica ou matemática) o seu instrumento de produção.[22]

Ao entender a escrita como "atividade concreta que consiste, sobre um espaço próprio, a página, em produzir um tex-

▼ ▼ ▼ ▼ ▼

22. CERTEAU, Michel de. *A invenção do cotidiano*. Petrópolis: Vozes, 1994, p. 230.

to que tem poder sobre a exterioridade da qual foi previamente isolado", Certeau revela como o paradigma da escrita estaria ligado à noção de processo e esta, por sua vez, ao protótipo da fábrica.

Vejamos cada uma das fases desse "processo". A página em branco seria um espaço próprio que circunscreveria um lugar de produção para o sujeito, um espaço isolável, no qual incidem determinações parcialmente controláveis, "uma superfície autônoma sob o olhar do sujeito, que assim dá a si mesmo o campo de um fazer próprio. Gesto cartesiano de um corte instaurador [...]"[23]. Nesse espaço, constrói-se um texto, articulando uma série de operações (mentais, gestuais) que, gradualmente, progressivamente, configuram outro mundo, não mais recebido, mas fabricado, e que atua sobre sua exterioridade, possui eficácia social, revolucionária, de "refazer a história pelo modelo que fabrica":

> As coisas que entram na página são sinais de uma "passividade" do sujeito em face de uma tradição; aquelas que saem dela são as marcas do seu poder de fabricar objetos. No final das contas, a empresa escriturística transforma ou conserva dentro de si aquilo que recebe do seu meio circunstancial e cria dentro de si os instrumentos de uma apropriação do espaço exterior.[24]

Qual seria a representação simbólica desse processo? Segundo Certeau, nada menos que o primeiro romance publicado pelo editor Daniel Defoe no primeiro jornal diário da história, não por acaso em Londres: *Robinson Crusoé*.

Para Certeau, Defoe criou, com seu náufrago reconstruindo a civilização *ab initio*, desde a agricultura à submissão dos

▼ ▼ ▼ ▼ ▼

23. Id., ibid., p. 225.
24. Id., ibid., p. 39.

nativos, um dos poucos mitos inventados na história moderna: um "romance da escrita". Nele estão claramente demarcadas as características do processo de escrever: "a ilha que demarca um lugar próprio, a produção de um sistema de objetos por um sujeito senhor e a transformação de um mundo 'natural'". Há, no entanto, um ponto de parada, de dúvida no romance, quando, entre o medo e a curiosidade, Robinson se depara com uma "pegada" de homem na areia. Essa pegada, que produz um questionamento do mundo fabricado, abre um espaço crítico, de dúvida e questionamento, que se parece com o surgimento de uma rasura no processo de escrita (infelizmente, logo Robinson submeteria o primitivo batizado de "Sexta-feira", o autor das pegadas, a um serviçal realizador de suas palavras).

A pegada de Sexta-feira, no entanto, traçaria um caminho que só começaria a ser seguido no início do século XX. Certeau afirma que a literatura, com diversos autores e, mais tarde, a teoria pós-estruturalista teriam começado a apontar que esse processo de escrita é, no fundo, uma prisão. Ela não pode mudar nem sequer tocar a realidade, porque toda a nossa idéia de realidade é baseada nessa prática. Assim, a literatura teria começado a elaborar, pouco a pouco, uma crítica ao processo.

Apesar de Certeau apontar dois exemplos (Roussel e Kafka), gostaríamos aqui de apresentar uma interpretação particular dessa crítica ao processo na literatura.

Trata-se exatamente de uma releitura do mito da escrita de *Robinson Crusoé*. Nas suas "Histoires brisées" (algo como "Histórias em pedaços" ou "Histórias cortadas"), o poeta francês Paul Valéry imagina "O Robinson Ocioso, Pensativo, Provido". Robinson já tem uma casa e provisões suficientes para viver: ele pára para pensar e uma angústia sutil se delineia. Ele respira distraidamente, sem saber ao certo que fantasma seguir. Afinal, ser humano significa ser "um animal indeciso, um ser que não pode se definir tão-somente pelas circunstâncias"[25].

Essa indecisão de Robinson – ele é um homem, e não uma fábrica – mostra bem por que, para Valéry, a escrita não pode se resumir a um processo. Ela envolve hesitações, tensões por vezes insolúveis que não tendem a lugar nenhum, não têm um ponto de partida fixo, mas muitos que se definem sempre pelo passo seguinte, e não por uma tendência anterior, preexistente.

Robinson observa tudo o que realizou na ilha, mas...

> [...] o que há de mais estranho a um criador que o total (a plenitude) de sua obra? Ele apenas conheceu desenhos parciais, e os pedaços, e os graus e a impressão daquilo que ele fez é totalmente diferente da coisa inteira e acabada, e ele não conhece de sua perfeição mais que suas aproximações, seus ensaios.[26]

Talvez o primeiro momento da crítica genética, no qual se encarava a escrita como uma continuidade, fosse uma forma de reverenciar o processo de criação (e o processo de produção capitalista) como se fosse um grande deus. Sem dúvida, essa escolha teve seus frutos: a crítica genética entrou nos espaços do poder, criou laboratórios, grupos de especialistas, conseguiu recursos, teve a atenção da imprensa e das editoras, ao revelar manuscritos inéditos e novas interpretações de textos canônicos a partir desses novos dados. Essa escolha também teve seus custos: não há geneticista que não tenha sido ligado, de frente ou pelas costas, a certa cultura da alienação.

Porém, essa primeira fase carregava também o germe de uma inversão dessa ordem. Ao entrar no canteiro de obras do escritor – ou do artista, ou do cientista –, a crítica genética

▼ ▼ ▼ ▼ ▼

25. VALÉRY, Paul. *Oeuvres II*. Paris: Gallimard (Col. La Pléiade), 1956, p. 412.
26. Id., ibid., p. 411.

teve um contato privilegiado com o momento de parada e de questionamento do processo. É ali que reside a esperança de que é possível, se não sair, pelo menos mudar lentamente os rumos dessa prática. Alguns trabalhos já caminham nesse sentido e têm proposto, mais do que uma crítica do processo, uma crítica ao processo.

7. Para um estudo das práticas de escrita

Nosso objetivo aqui será tentar propor um novo modelo teórico para a crítica genética, que não se apóie mais na noção de processo, e sim na de arqueologia. Para isso, nosso ponto de partida será o livro de Foucault, embora não tenhamos em mente apenas uma "transposição" de seus conceitos para o material manuscrito. Ele será o nosso ponto de partida, mas jamais nossa única referência.

É importante entender que Foucault não abandona totalmente a noção de processo. Simplesmente, ele não se refere mais a "um" processo, a uma continuidade, mas a séries breves, justapostas, portadoras de uma nova história.

Essas novas séries se organizariam a partir de descontinuidades. Assim, os movimentos identificados em um conjunto de manuscritos não poderiam ser pensados a partir de tendências (identidades entre enunciados), mas das diferenças entre eles.

> Para a história em sua forma clássica, [a descontinuidade] era ao mesmo tempo o dado e o impensável: o que se oferecia sob a aparência de elementos dispersos – decisões, acidentes, iniciativas, descobertas; e o que devia ser, pela análise, contornado, reduzido, apagado para que aparecesse a continuidade dos acontecimentos. A descontinuidade era o estigma de uma dispersão temporal que o historiador devia suprimir da história. Ela se transformou agora em um dos elementos fundamentais da análise histórica.[27]

▼ ▼ ▼ ▼ ▼

27. FOUCAULT, M., op. cit., p. 16.

Porém, os sistemas de explicações criam-se a partir de continuidades. Como poderíamos pensar uma história a partir apenas de rupturas? A mesma questão se impõe no caso da crítica genética: como criar um conhecimento sobre a escrita a partir de suas rasuras, suas hesitações, seus intervalos?

A descontinuidade, para Foucault, funciona ao mesmo tempo como objeto e instrumento da pesquisa. Por um lado, o historiador-arqueólogo tenta encontrá-la, dentro do conjunto de documentos de que dispõe. Por outro lado, uma vez encontrada, essa descontinuidade servirá como instrumento para delimitar outro objeto: o enunciado. A única forma de defini-lo seria por suas bordas, ou seja, por suas rupturas com outros enunciados.

Mas o que seria um enunciado? Foucault recusa as explicações lingüísticas: para ele um enunciado não poderia ser definido simplesmente pelas suas leis internas, por exemplo, suas características gramaticais. Para que fosse proferido, logo transformado em documento e por fim conservado, foi necessário que alguém o tivesse proferido, que essa pessoa fosse autorizada a proferi-lo, que alguma instituição o tenha registrado e que outra o tenha guardado.

> [...] eles [os enunciados] são conservados graças a um certo número de suportes e de técnicas materiais (das quais o livro é, claro, somente um exemplo), segundo certos tipos de instituições (entre outras, a biblioteca) e com certos modos estatutários (que não são os mesmos quando se trata de um texto religioso, de uma regra do direito ou de uma verdade científica).[28]

Dessa forma, os enunciados não podem ser entendidos sem as condições de sua enunciabilidade. O objetivo de Foucault,

▼ ▼ ▼ ▼ ▼

28. Id., ibid., p. 162.

com a sua arqueologia, é descrever esse espaço de enunciabilidade onde se tecem as regras discursivas e que só a descrição de enunciados pode revelar. Esse é o tipo de sistema que a arqueologia foucaultiana procura; não um sistema sucessivo, que ligue os diferentes enunciados em cronologias e processos, mas que tente entender cada enunciado dentro de seu espaço de enunciação, circulação e recepção.

A proposta do filósofo de alguma forma rompe com o estruturalismo, já que nega a ordem interna do discurso para ligá-lo com instituições externas a ele, mas, de outro modo, apresenta uma continuidade com o movimento, já que as regras dessas instituições só podem ser conhecidas a partir da análise do enunciado. Assim, configura-se como uma teoria para os tempos de crise de 1968, mas uma teoria que não propõe simplesmente uma volta a modelos historicistas antigos, como em um momento pôde parecer a crítica genética.

Em textos posteriores, que abordaremos mais adiante neste livro, Foucault abandona a análise dos enunciados para se concentrar no próprio funcionamento das instituições. Alguns vêem nessa atitude uma mudança radical, que invalidaria suas propostas anteriores. Porém, vemos aí apenas uma mudança de foco. O método proposto em *A arqueologia* propõe tanto uma análise dos discursos (conjunto de enunciados) como das condições de enunciabilidade (as características das instituições). Uma não pode ser entendida sem a outra, como explica Roberto Machado:

> Enfim, e isto é um ponto importante, a análise arqueológica como descrição dos discursos não deve se fechar no interior do próprio discurso. Pelo contrário, uma de suas idéias básicas é articular o acontecimento discursivo com o acontecimento não-discursivo, as formações discursivas com as formações não-discursivas. Ela não permanece unicamente ao nível do discurso, embora esse seja o seu objeto, aquilo para o qual tudo converge, mas busca estabelecer uma

relação com acontecimentos de uma outra ordem, seja ela técnica, econômica, social ou política.[29]

Da mesma forma, defendemos aqui que a crítica genética não pode se centrar apenas nos enunciados encontrados nos manuscritos. É necessário também se debruçar no que acontece fora deles, entender como são também discursos de instituições (por exemplo, a literatura, a escrita como tecnologia, a pesquisa em crítica genética etc.).

Mas o que seriam esses enunciados dos manuscritos? Nenhuma oração encontrada em documentos de trabalho de um escritor pode ser considerada terminada, ou seja, um discurso de uma instituição. Por exemplo, seria complicado ligar determinado verso não acabado de um autor com uma proposta poética. Aquele verso ainda passará por modificações até adquirir um caráter de documento para a instituição literária. Desse modo, a análise arqueológica de Foucault não pode ser simplesmente aplicada à realidade do manuscrito: devemos repensar as categorias de descontinuidade, enunciado e condições de enunciabilidade para a criação literária.

Em relação à descontinuidade, arqueologia e crítica genética aparentemente não apresentariam atritos. Como afirmamos, o manuscrito tem valor para nossos estudos como portadores de mudanças dentro do discurso (rasuras, hesitações, diferenças etc.), ou seja, na qualidade de portadores de descontinuidades discursivas.

Porém, para Foucault, a descontinuidade deve ser considerada um instrumento para a identificação e a descrição de enunciados. Que tipo de enunciados a rasura nos ajudaria a identificar? Voltemos ao texto de Foucault e tentemos enten-

▼ ▼ ▼ ▼ ▼

29. MACHADO, Roberto. *Ciência e saber. A trajetória da arqueologia de Foucault*. Rio de Janeiro: Graal, 1988, p. 166.

der novamente o caráter da definição de enunciado. Como já dissemos, o autor reconhece que é impossível defini-lo em termos lingüísticos, lógicos ou materiais. Ele estaria mais próximo da noção de função:

> O enunciado não é então uma estrutura (ou seja, um conjunto de relações entre elementos variáveis, autorizando assim um número talvez infinito de modelos concretos); é uma função de existência própria dos signos e a partir da qual é possível decidir, em seguida, pela análise ou pela intuição, se eles "fazem sentido" ou não, segundo que regra eles seguem ou se justapõem, do que eles são signo e que tipo de ato se efetua por sua formulação (oral ou escrita).[30]

No universo do manuscrito literário, a identificação dessa função suscita alguns problemas. Os signos muitas vezes parecem estar ordenados, sem necessariamente "fazer sentido" para quem os lê (uma frase sem sujeito, por exemplo). No entanto, eles provavelmente chegaram a fazer sentido para quem os produziu. Também deparamo-nos com o problema da referência. Um conjunto de signos pode remeter a um referente que o escritor sabia perfeitamente qual era (uma mulher que ele viu aquele dia na rua, uma frase ouvida por acaso) e que o pesquisador vai ignorar para sempre. Como atribuir sentido para esses signos?

Ao considerar a rasura como descontinuidade identificadora de enunciados, deparamo-nos com mais problemas ainda. Se uma oração, por exemplo, contém cinco rasuras, devemos considerar que ela então contém dez enunciados? Cada descontinuidade acusa a existência de diferenças entre dois enunciados? Ao mesmo tempo, se uma versão de um romance não apresenta nenhuma rasura, devemos tomá-la como apenas um enunciado?

▼ ▼ ▼ ▼ ▼

30. FOUCAULT, M., op. cit., p. 115.

Finalmente, devemos voltar a nosso problema inicial: se considerarmos uma versão não-publicada de um poema um enunciado, centraremos nossa análise em um documento cujas condições de recepção não são claras. O sentido que podemos atribuir-lhe deve ser considerado nos mesmos termos do enunciado publicado?

A noção de enunciado é muito problemática para a crítica genética porque o valor de nossos documentos está dado pelas relações que podemos estabelecer entre eles e dentro deles. Uma versão não é válida apenas pelo sentido que podemos depreender de seus signos, mas pelo sentido que encontramos ao compará-la com outras versões. Assim, podemos considerar a relação como a função enunciativa da crítica genética, o que apresenta uma assombrosa ressonância com a teoria de Édouard Glissant descrita anteriormente.

Como identificar esse enunciado-relação em um conjunto de manuscritos? Uma parte da resposta já é sabida: pelas descontinuidades. Porém, as rasuras estabelecem somente diferenças, quebras, não relações. Nesse momento, entra o olhar do pesquisador. Ele deve reunir essas diferentes rasuras a partir de identidades, criando dessa maneira um espaço de relações.

Voltaremos a esse ponto ao nos referirmos ao "recorte" (a palavra usada normalmente nos estudos genéticos para designar esse espaço), na terceira parte deste livro, e procuraremos entender o que é esse olhar do pesquisador, a maneira pela qual ele organiza essas descontinuidades, mostrando com exemplos como isso vem sendo feito.

Já definimos que o enunciado com que trabalhamos é um "espaço de relações" ou "recorte de pesquisa". O passo seguinte será entender as condições de enunciabilidade em que esse espaço se enquadra.

No caso do manuscrito literário, essa pesquisa deve se concentrar nas modalidades da produção escrita no lugar onde esse documento foi gerado, as modalidades específicas da criação literária – um tipo totalmente particular de produção – , as modalidades específicas da recepção literária, a forma como esse manuscrito foi arquivado, junto a que outros documentos, como ele é disponibilizado, ou seja, todas as práticas nas quais a escrita está inserida.

A empreitada pode parecer extensa, porém sabemos que as tensões de um recorte não podem ser compreendidas como "a intenção do autor", ou "a mão que escreve independente de toda instituição". O estudo da criação literária envolve instituições, envolve a história e envolve inúmeros sujeitos, entre eles, o escritor e o pesquisador. Para tratar desse assunto, talvez fosse necessário outro livro, quem sabe com vários volumes. Mas como aqui estamos no âmbito de uma introdução, permitimo-nos somente levantar algumas questões sobre ele, que desenvolveremos no próximo capítulo.

CAPÍTULO 2

PRÁTICAS DE ESCRITA

1. Pensando a escrita

O convívio com os manuscritos de autores modernos e contemporâneos, de início, chama a atenção para um fato evidente, mas pouco considerado na crítica literária: escrever é uma prática social, isto é, resulta do desenvolvimento de uma tecnologia específica, de um conhecimento longamente assimilado durante anos de formação, o qual terá funções diferentes em épocas e lugares distintos, participando de inúmeras maneiras da dinâmica da sociedade.

A escrita é uma invenção recente, cujos primeiros registros, com algum grau de sistematização, não têm mais de cinco mil anos. Não se trata aqui de retomar sua história, mas apenas de esboçar alguns momentos elucidativos para mostrar seu caráter de invenção e os acasos e percalços que envolvem seu surgimento e sua transformação[1].

▼ ▼ ▼ ▼

1. Entre os vários livros consultados para estes rudimentos de história da escrita, baseamo-nos principalmente em: HOOKER, J.T. (org.). *Lendo o passado. Do cuneiforme ao alfabeto. A história da escrita antiga*. São Paulo: Edusp, 1996; JEAN, Georges. *L'écriture:*

Acredita-se que a escrita, diferentemente dos desenhos rupestres, dos quais há registros desde 20.000 a.C., desenvolveu-se a partir do ato de calcular por meio de traços e marcas que ajudavam os homens a registrar o que contavam. A esses traços e marcas foram sendo acrescentadas figuras e outros símbolos que representavam aquilo que se contava, mais como uma espécie de estratégia mnemônica do que escrita propriamente dita. Após esses cálculos (do latim *calculus*: pedra), passou-se a escrever sobre tabuinhas de argila ainda fresca, os signos deixaram de representar apenas objetos e passaram a ter diversas significações (até mesmo combinando-se para gerar idéias, por exemplo: ave + ovo = fecundidade).

Na Mesopotâmia, por necessidades comerciais, iniciou-se um processo de representação gráfica de alguns produtos, ao lado da representação de sua quantidade. Esses *pictogramas*, que dialogavam com outros símbolos anteriores de propriedade e que chegaram até nós sobretudo na forma de registros de contas de templos e palácios, aos poucos passaram a funcionar como representação fonética. Isso ocorreu mais ou menos como uma brincadeira de criança, os também chamados *rébus*, na qual o pictograma não representa o objeto desenhado, mas a primeira sílaba do nome. Assim, em um exemplo adaptado, o pictograma (bo)i ao lado do pictograma (ca)valo formam a palavra boca.

A ambigüidade entre a representação pictórica da imagem e sua representação fonética será a marca também dos hieróglifos egípcios, decifrados apenas no século XIX por Champollion, devido exatamente à percepção dessa dupla função representativa. Até hoje, os ideogramas chineses (ver figura 6)

▼ ▼ ▼ ▼

mémoire des hommes. Paris: Gallimard, 1987 (traduzido no Brasil como *A escrita: memória dos homens*. São Paulo: Objetiva, 2004); e CHARTIER, Roger. *Os desafios da escrita*. São Paulo: Editora Unesp, 2002.

Figura 6. Três caracteres feitos à mão por Mi Fei da dinastia Song.

possuem essa duplicidade, o que possibilita uma riqueza visual e associativa que fez escola na poesia do século XX, com Ezra Pound, graças ao estudo realizado por Ernest Fenollosa, e retomada entre nós pela poesia concreta[2].

Entre inúmeros outros estudiosos, Jack Goody, em *A lógica da escrita e a organização da sociedade*[3], procura acompanhar as conseqüências de seu surgimento nos campos religioso, jurídico e econômico, mostrando as profundas transformações que sofreram. Entre outras coisas, aponta a mudança nos rituais, a fixação de contratos e leis, bem como a facilitação do cálculo e da contabilidade. A escrita está ligada à construção de um modo abstrato de mediação das práticas sociais.

▼ ▼ ▼ ▼ ▼

2. Veja-se o belíssimo livro organizado por Haroldo de Campos: *Ideograma. Lógica. Poesia. Linguagem*. São Paulo: Cultrix, 1977.
3. Lisboa: Edições 70, 1986.

O domínio desse instrumento por uma classe privilegiada funcionou, e ainda funciona, com as mais modernas roupagens, como forma de dominação. Os pictogramas, hieróglifos e ideogramas eram conhecidos e controlados por uma casta de escribas ligados às instâncias de poder. Tratava-se de um modo extremamente complexo de escrita, que exigia o conhecimento de centenas de signos. Essa estrutura só começou a se transformar com o surgimento do alfabeto fenício, um sistema totalmente fonético que, com pouco mais de vinte signos, não só é capaz de representar a língua fenícia como também pode ser utilizado por outras línguas. Mas é importante destacar que a escrita, mesmo alfabética, não é mera transcrição da fala; pelo contrário, exige uma adaptação desta ao novo suporte que a redimensiona, ocorrendo também o caminho inverso.

Outro fator decisivo nessa história foram as transformações dos suportes da escrita. As tabuinhas de argila iniciais, embora já na Mesopotâmia tenha se iniciado a utilização de cartas e envelopes, não permitiam armazenamento e manuseio adequados, o que só começou a acontecer com o desenvolvimento do papel na China e do papiro no Egito.

O suporte é decisivo para a estruturação da escrita, pois é totalmente diferente organizá-la em folhas soltas, em rolos ou em um volume estruturado linearmente. Mas foi só no curso da Idade Média na Europa, com o uso de peles de animais, os pergaminhos, que possibilitam a costura e a formação de um códice, que surgiu um formato até hoje utilizado entre nós: o livro.

Surgiu também com o pergaminho uma rica arte da caligrafia e da ilustração, as chamadas iluminuras. Trata-se de um trabalho extremamente especializado, produzido sobretudo no campo religioso (ver figura 7). A circulação dos textos dependia de cópias realizadas manualmente, as quais, como era

Figura 7. Manuscrito de *Romance da rosa*, de Guillaume de Lorris e Jean de Meung, com ilustração representando o autor da segunda parte desse romance.

de se esperar, nunca saíam iguais, ocorrendo erros e variações. A existência de inúmeras cópias de um mesmo texto está na base do surgimento dos estudos literários modernos, uma vez que foi necessária, como vimos, a criação de uma disciplina, a filologia, que identificasse o verdadeiro texto, o original entre tantas versões.

Mesmo com o surgimento da imprensa, ainda era comum haver inúmeras versões de um mesmo texto, às vezes em uma mesma edição, e, durante muitos séculos, os textos impressos conviveram com os textos manuscritos. Interessante notar que, embora tenha surgido no ocidente no final do século XV[4], a produção impressa só teve efeitos significativos na sociedade a partir do século XVIII. A técnica, por si só, ou seja, a possibilidade de impressão de uma quantidade enorme de um mesmo texto, não teve grandes desdobramentos; isso só aconteceu com a generalização do projeto burguês de educação universal, a partir do qual surgiu um universo significativo de leitores. Ainda consoante com os valores burgueses, estabeleceu-se uma clara divisão entre os escritos privados (os manuscritos) e os escritos públicos (os impressos), que se manterá como estrutura básica do modo de produção, circulação e recepção dos textos até meados do século XX[5]. A compreensão desse processo permite perceber que a crítica genética não pode operar longe das condições históricas dos processos que analisa, nem sobre uma oposição estanque entre escrita e leitura, devendo compreender a íntima relação entre elas.

Mas voltemos à questão dos suportes da escrita, pois eles são cruciais para o desenvolvimento da crítica genética, levan-

▼ ▼ ▼ ▼ ▼

4. Hoje se sabe que pelo menos desde 1390 os chineses já imprimiam livros e que o desenvolvimento da imprensa no Ocidente não teria sido possível sem a tecnologia de fabricação de papel desenvolvida na China.
5. Veja-se, no próximo tópico, a lenta sedimentação dessa divisão desde o século XIV.

do Jean-Louis Lebrave[6] a estabelecer, com base exatamente nos suportes, quatro grandes momentos da produção textual a partir da relação entre manuscritos e impressos e o âmbito público ou privado de sua utilização, que podemos resumir no seguinte quadro:

	PÚBLICOS	PRIVADOS
MANUSCRITOS	Manuscritos medievais	Manuscritos modernos
IMPRESSOS	Livros Jornais	Datilogramas Impressos pessoais

Assim, teríamos, em um primeiro momento, os manuscritos elaborados pelos escribas medievais que, como dissemos, copiavam textos para torná-los públicos. Somente a partir do século XVIII, com a generalização do uso dos textos impressos, configurou-se uma divisão clara entre os manuscritos e os impressos, pois os primeiros eram inicialmente utilizados no âmbito privado e se tornavam públicos quando assumiam a forma de livro ou jornal. Esse é o campo em que se define mais claramente o objeto da crítica genética em suas formulações iniciais: estudar não a obra, mas aquilo que antecede a obra, os manuscritos[7].

Não retomaremos aqui o vasto campo de transformações históricas que acompanham, determinam e são conseqüên-

▼ ▼ ▼ ▼ ▼

6. Cf. ZULAR, Roberto. "Introdução – A pluralidade da escrita." In: *Criação em processo – Ensaios de crítica genética*, cit., pp. 13-26.
7. Essa configuração histórica, segundo Jacques Derrida, é contemporânea ao próprio surgimento do que chamamos literatura, que, em sentido estrito, "**é uma definição moderna**, ligada à publicação sob forma de livro, de **escritos públicos e assinados**. A literatura, a invenção da literatura, é uma coisa européia, desde suas origens [...] a literatura em sentido estrito é uma invenção, uma instituição européia bastante jovem e nova. Ela é contemporânea da própria idéia de democracia moderna".

cia desse novo estado de coisas: é toda a formação do Estado burguês, a Revolução Industrial e os ideais iluministas que estão em jogo. Trata-se de uma ampla mudança sociocultural que está na base daquilo que Pierre Bourdieu associou à formação de um campo literário: os papéis sociais da escrita na modernidade e como a escrita ficcional cria esses papéis.

Por fim, Lebrave salienta a diluição dessa divisão, primeiramente com o uso das máquinas de escrever, cujo impacto pode ser sentido na seguinte análise, um tanto literal mas esclarecedora, de Flora Süssekind, retomada por Silviano Santiago[8], na qual ela articula o embaraço de Mário de Andrade com a máquina de escrever e a configuração formal de um poema de *Losango cáqui*. Nas palavras de Mário:

> Engraçado, por enquanto me sinto todo atrapalhado de escrever diretamente por ela [máquina de escrever]. A idéia foge com o barulhinho, me assusto, perdi o contato com a idéia. Isso perdi o contato com ela. Não apalpo ela. Mas isso passa logo, tenho a certeza, e agora é que você vai receber cartas bonitas de mim.[9]

O que no poema revelaria

> [...] a mediação da máquina, dos tipos padronizados, das batidas rápidas [que são] não apenas assunto do poema, mas aquilo que lhe dá forma. E não se trata mais de ocultar a mediação, mas, ao contrário, de exibi-la, de explicitar o processo gráfico-poético do texto.[10]

Outra grande transformação está em andamento com a ampliação do uso de computadores (que possibilitam impres-

▼▼▼▼

8. SANTIAGO, Silviano. "Com quantos paus se faz uma canoa". In: SOUZA, Eneida Maria de (org.) *Arquivos literários*. São Paulo: Ateliê Editorial, 2003.
9. Id., ibid., p. 42.
10. Id., ibid., p. 42.

sos privados) e da internet (que indiferencia a materialidade do texto nas duas esferas). Trata-se de uma nova mudança sociocultural imbricada na chamada terceira Revolução Industrial. As antes claras oposições entre privado e público, a produção e a recepção, o texto e o que o antecede passam a ser mais indefinidas. A própria censura começa a ocorrer de forma mais sutil e disseminada, por meios obtusos e corrosivos, quando não puramente técnicos e mercadológicos.

De acordo com o enfoque aqui proposto, a revolução digital torna o texto volátil, imaterial. O excesso de informação, a fragmentação, a multiplicação das formas de armazenamento passam a concorrer com a dificuldade de acesso à informação, as ilusões da unidade e a perda da memória orgânica.

Além disso, surgem múltiplas formas de realização material, tornando os textos radicalmente instáveis e fazendo coexistir inúmeras versões. A intertextualidade é levada a tal ponto que se pode até falar em uma enunciação plural, seja pelos recursos reiterados de colagem, plágio, seja pela experiência de textos escritos em conjunto, ou *on-line*, com participação direta dos leitores. Como defende a crítica norte-americana Marjorie Perloff, mesmo a poesia publicada em livro está implicada nessa transformação que se delineia de forma crescente e incontornável.

Sintomático dessa transformação é o título de uma coletânea de autores contemporâneos chamada *Geração 90: manuscritos de computador*[11]. O que se pode depreender do paradoxo des-

▼ ▼ ▼ ▼ ▼

11. Org. Nelson de Oliveira. São Paulo: Boitempo Editorial, 2001. Nos documentos de processo de um desses autores, que tive a oportunidade de ver, fica evidente uma escrita corrida, rápida e acumulativa, no ritmo da digitação, quase se diria da escrita de e-mails, em que a forma vai sendo conquistada por acréscimos contínuos.

se título, em que pesem todas as transformações que certamente viveremos em virtude dos meios digitais, é que, de fato, "a longa história da leitura e da cultura escrita mostra que as revoluções nas práticas são muitos mais lentas que as tecnológicas, e é suficiente lembrar que novas formas de ler não sucederam, imediatamente, nem foram simultâneas à invenção da escrita", nas palavras de Giselle Beiguelman em *O livro depois do livro*[12].

Para ela, esses novos meios dependem de novas formas de significar, ver e memorizar, como também de uma reflexão sobre os conceitos que sustentam as práticas do livro impresso, mas que precisam ser remanejados diante da nova configuração dos processos de escrita e de todas as transformações operadas pelos meios digitais.

Mais uma vez, chegamos a um ponto em que tanto essas novas transformações como os manuscritos exigem que repensemos alguns conceitos que sustentam as práticas literárias e que muitas vezes as determinam, sem que nos demos conta disso. Nem tudo é festa na festa tecnológica: para Certeau, hoje o sistema de escrita se tornou "auto-móvel e tecnocrático, transformando os sujeitos que tinham o seu domínio em executores de máquinas de escrever que os comanda e utiliza"[13]. As tecnologias são uma espécie de canto das sereias, que seduz, incita, transforma, mas é preciso não se deixar consumir por elas para alcançar seu uso crítico, o que depende das transformações sociais que podem proporcionar.

2. Pensando a escrita além-mar

A escrita, no entanto, não gozou da reputação que lhe atribuímos hoje de maneira tão fácil. São conhecidas as objeções

▼ ▼ ▼ ▼ ▼

12. São Paulo: Peirópolis, 2003.
13. CERTEAU, Michel de. *A invenção do cotidiano*, cit., p. 227.

de Platão, seu receio de que ela tornasse mecânico o conhecimento, dissociando-o do corpo e da arte da memória. Esta última persistiria como elemento fundamental da educação até pouco tempo atrás.

A desconfiança de Platão ganha relevo no Brasil, cuja formação é fruto de um dos maiores genocídios da história, pelo choque entre uma cultura oral e uma cultura letrada[14]. Como aponta Alfredo Bosi, em *Dialética da colonização*[15], referindo-se às características básicas da formação colonial, "a cultura letrada é rigorosamente estamental, não dando azo à mobilidade vertical, a não ser em raros casos de apadrinhamento que confirmam a regra geral. O domínio do alfabeto, reservado a poucos, serve como divisor de águas entre a cultura oficial e a vida popular. O cotidiano colonial-popular se organizou e se reproduziu **sob o limiar da escrita**"[16] (grifo nosso).

Ampliando a questão ao âmbito da América Latina, vale lembrar que Cornejo Polar[17] aponta a tensão entre oralidade e escrita como um dos eixos que marcam a formação contraditória e conflituosa do mundo andino. Polar refere-se ao "Diálogo de Cajamarca", ao encontro entre o chefe inca Atahualpa e o invasor espanhol Pizarro em 16 de novembro de 1532. O "diálogo" ocorre por intermédio do padre Vicente Valverde, que pede a Atahualpa que aceite a religião cristã e entrega uma bíblia ao inca, que simplesmente a joga no chão. Há versões variadas do acontecimento. Relevante para nós, aqui, é o choque, o estranhamento causado por aquele objeto e sua diferente significação para cada um dos lados. O diálogo impossível, ou melhor, um diálogo no qual quem se nega a dizer

▼ ▼ ▼ ▼ ▼

14. Veja-se como a poética da relação e a lógica da descontinuidade se impõem ao pensarmos a escrita no Brasil.
15. São Paulo: Companhia das Letras, 2003.
16. Id., ibid., p. 25.
17. POLAR, Cornejo. *O condor voa*. Belo Horizonte: UFMG, 2000, pp. 219-85.

sim, quem se nega a aceitar o livro, apenas, pode morrer; é a marca do encontro entre oralidade e escrita: pouco depois, houve um massacre indígena e Atahualpa foi morto. A escrita ingressa entre nós no horizonte da ordem e da autoridade. "O triunfo inicial da letra nos Andes é a morte da voz."[18] A inscrição da letra na natureza como um dos mitos de nossa literatura não escapa muito dessa imagem: a escrita na areia do padre Anchieta não era assim tão dócil, nem as ondas a levariam tão facilmente.

Luiz Carlos Villalta[19], analisando a língua, a instrução e a leitura na América portuguesa, ressalta que, desde os primeiros cronistas, os índios eram tratados como "bárbaros" que não tinham as letras "F, nem L, nem R", ou seja, com a devida ênfase na ausência da letra, na ausência da escrita, que não tinham nem fé, nem lei, nem rei, sendo que toda inserção da cultura letrada se deu sob a égide de um rei, uma fé e uma lei. Todo o processo de instrução e circulação de livros se operou como meio de reiteração da dependência entre colônia e reino.

Como o ensino (seja aquele oferecido nos colégios das ordens religiosas, seja nas aulas régias jurisdicionadas pela Coroa) alcançava parte ínfima da população, mesmo da elite, Villalta afirma que a instrução na colônia se processava em grande parte no âmbito privado, seja pelos próprios pais ou por parentes e capelães. Daí não ser estranha a quase ausência de livros: a maior biblioteca de que se tem notícia no século XVI possuía 25 volumes, e 55 no século XVII, a maioria obras devocionais. Não estranha também que "a relação estabelecida com os livros esteve perpassada pela oralidade e pela indistinção entre o

▼ ▼ ▼ ▼ ▼

18. Id., ibid., p. 237.
19. VILLALTA, Luiz Carlos. "O que se fala e o que se lê: língua, instrução e leitura". In: SOUZA, Laura de Mello (org.) *História da vida privada no Brasil. Cotidiano e vida privada na América portuguesa*. São Paulo: Companhia das Letras, 2004.

público e o privado: a leitura privada e silenciosa, feita em bibliotecas de escolas, conventos ou residências, convivia com a leitura oral, desenvolvida no recôndito dos lares, e, ainda, com a leitura oral pública, realizada principalmente nas igrejas, sociedades literárias e salas de aula. A leitura oral, pública e privada, proliferou na medida em que reinava o analfabetismo"[20].

É só no século XVIII, sobretudo em Minas Gerais, que começa a ocorrer maior difusão dos livros, seja em quantidade (havia bibliotecas ou "livrarias" de mais de mil livros), seja em variedade (abarcando obras literárias, filosóficas etc.), ainda que ínfima em relação à totalidade da população. Curioso notar que isso opera uma alteração no interior das casas das pessoas de elite, com o aparecimento de espaços especialmente reservados, mobílias (estantes, escrivaninhas) e instrumentos (papeleiras, tinteiros). Saliente-se também, em que pese a evidência, a íntima relação entre o desenvolvimento, ainda que restrito, das práticas de escrita e da diversidade de leituras com o movimento da Inconfidência Mineira.

À restrição imposta à circulação de livros somava-se o constante esforço de Portugal para impedir o desenvolvimento da imprensa durante o período colonial, seja em virtude da censura imposta pela Inquisição (que mesmo em Portugal restringiu a impressão de livros), seja pelo esforço de manutenção dos vínculos de dependência. Em *O livro no Brasil*[21], Laurence Hallewell afirma que a tipografia quase inexistiu no período colonial, o que parece um corolário do que já expusemos[22]. Assim, qualquer escrito original produ-

▼ ▼ ▼ ▼ ▼

20. Id., ibid., p. 375.
21. São Paulo: T. A. Queiroz, 1985.
22. Segundo estudos citados por Hallewell (op. cit., p. 8), como o de Nelson Werneck Sodré, "a tipografia só foi introduzida nas colônias de além-mar onde havia uma cultura autóctone altamente desenvolvida que o poder colonial desejava suplantar", como na Cidade do México ou Lima.

zido no Brasil deveria ser impresso na Europa ou permanecer na forma de manuscrito. No mesmo momento em que na Europa se formulava uma clara cisão entre as esferas privadas e públicas, num circuito em que eram produzidos manuscritos privados que, sofrendo a intermediação de um editor, tornavam-se impressos (jornal ou livro) passíveis de venda a um público leitor, no Brasil esse circuito, ainda no século XIX, ficava sujeito às limitações impostas à imprensa. Mesmo com a chegada da família real ao Brasil, a impressão de livros ficava, com raros momentos de exceção, restrita à imprensa régia ou submetida a um rigoroso controle da corte, embora não tenha sido desconsiderável o contrabando de livros no período.

Antonio Candido afirma, em *Formação da literatura brasileira*, que, embora "os conventos, que possuíam praticamente todas as bibliotecas antes de 1808, [tenham] se tornado mais liberais, na sua franquia a partir desta data", entre 1807 e 1817, "as testemunhas não assinalam número maior de quatro livrarias mal fornecidas, esclarecendo uma delas que 'são propriamente lojas de alfarrábios, cujo sortimento consiste em velhas traduções do inglês e do francês, e encalhes semelhantes'"[23].

Com a independência, embora a situação tenha melhorado, especialmente com relação à impressão de jornais e revistas, não aconteceu uma mudança radical, permanecendo como regra um distanciamento entre o trabalho de edição e a impressão, prevalecendo os livros impressos no exterior. Some-se a isso o limitado público leitor. Tanto que Hélio de Seixas Guimarães[24] defendeu a importância do recenseamento

▼ ▼ ▼ ▼ ▼

23. CANDIDO, Antonio. *Formação da literatura brasileira*. Belo Horizonte: Itatiaia, 1997, p. 219.
24. GUIMARÃES, Hélio de Seixas. *Os leitores de Machado de Assis*. São Paulo: Nankin/Edusp, 2004.

geral do Império de 1872, que apontava o índice absurdo de analfabetismo no país como uma das razões da transformação da relação entre narrador e leitor que se opera em *Memórias póstumas de Brás Cubas*, de Machado de Assis. Na esteira de Antonio Candido, Guimarães demonstra como o horizonte de expectativa dos leitores empíricos está implicado na própria fatura do texto, ou, de maneira mais ampla, como as condições de produção e recepção deixam suas marcas na forma literária.

Essa dupla implicação entre produção e horizonte de expectativa de recepção pode ser vista também na relação entre o método e a forma de circulação[25]. Nas palavras de Flora Süssekind, referindo-se à mesma obra de Machado de Assis:

> [...] desde *Memórias póstumas de Brás Cubas* passa a fazer de uma fragmentação propositadamente grande dos capítulos um princípio básico de composição e da exibição da materialidade gráfica do texto impresso [...] um modo de, assim, a tensão entre escrita autoral e impressão mecânica de fato passar a enformar a narração.[26]

Ainda que já se pudesse vislumbrar essa relação com o jornal configurando o próprio modo de composição, o surgimento de um campo intelectual autônomo, como esclarece Sergio Miceli em *Intelectuais à brasileira*[27], apenas começa a ocorrer na década de 1910, e se desenvolve entre 1920 e 1945, com o surgimento de um incipiente mercado do livro (alternativa ao posto de funcionário público no qual trabalharam inúmeros intelectuais e escritores[28]). Embora essas con-

▼ ▼ ▼ ▼ ▼

25. Ver a esse respeito o instigante trabalho de RIBEIRO, José Alcides. *Imprensa e ficção no século XIX: Edgar Allan Poe e a narrativa de Arthur Gordon Pym*. São Paulo: Editora Unesp, 1996.
26. SÜSSEKIND, Flora. *Papéis colados*. Rio de Janeiro: UFRJ, 2002, p. 205.
27. São Paulo: Companhia das Letras, 2001.
28. Ver também MACHADO NETO, A. L. *Estrutura social da República das Letras*. São Paulo: Grijalbo, 1973.

siderações possam parecer uma questão exterior à fatura do texto, nas palavras de Antonio Candido, Miceli "mostra como nos decênios de 1930 e 1940 houve uma convergência de fatores que fez do romance o gênero privilegiado, com profissionalização (relativa) do escritor graças à indústria do livro e ao que ele chama de 'substituição de importações' no tipo de leitura, no momento da entrada maciça de padrões norte-americanos"[29].

Hallewell, no citado *O livro no Brasil*, mostra como, durante boa parte do século XX, a figura pessoal do editor ainda é decisiva no desenvolvimento da circulação da produção literária, como nos casos conhecidos de Monteiro Lobato, José Olympio e Ênio Silveira.

O mercado editorial ganha gradativamente mais autonomia, como mostram os estudos de Sandra Reimão[30], que trata do surgimento dos *best-sellers* e suas listas, da formação de um público leitor e dos direcionamentos da imprensa, e sobretudo *A imagem e a letra*, de Tânia Pellegrini, em que se procura entender o efeito na literatura brasileira da consolidação do mercado editorial durante e após o golpe militar de 1964, já que se torna crucial "levar em conta o processo de produção e o da recepção do texto, pois a associação entre literatura, mídia e mercado tornou obrigatório considerar juntos esses processos"[31]. Daí por que insistimos que, para refletir sobre a produção escrita, se faz necessário compreender o caráter de invenção que a constitui, as complexas implicações de sua "imposição" nas Américas, o controle de sua circulação, fortemente ligado às estratégias de dependência, e o gra-

▼ ▼ ▼ ▼ ▼

29. Op. cit., p. 75.
30. REIMÃO, Sandra. *Mercado editorial brasileiro*. São Paulo: Com-Arte/Fapesp, 1996.
31. PELLEGRINI, Tânia. *A imagem e a letra: aspectos da ficção brasileira contemporânea*. Campinas/São Paulo: Mercado das Letras/Fapesp, 1999.

dativo surgimento de um campo autônomo, que acrescenta questões de outra ordem, como a ligação entre literatura e seus meios de circulação, e entre literatura e mercado.

No âmbito da crítica genética, várias questões podem ser pensadas a partir daí. Trata-se de um longo trabalho, ainda a ser feito, de pensar os manuscritos no universo de práticas sociais, incluindo a própria prática de escrever, em que surge e se desenvolve algo como um processo de produção artístico. Essa visão mais ampla, no caso da literatura brasileira, possibilitaria pensar as condições históricas específicas da produção escrita entre nós e, como veremos a seguir, no caso da oralidade, aproximar as práticas da crítica genética dos objetos que analisamos.

3. Da invenção da escrita à escrita como invenção

Retomando Georges Jean, "a escrita que nasceu muito humildemente por necessidade de simples contabilidade, pouco a pouco se transformou entre os habitantes da Mesopotâmia num apoio à memória, depois numa maneira de guardar os traços da língua falada, e sobretudo numa **outra maneira de se comunicar e mesmo de pensar**"[32] (grifo nosso). Neste tópico, procuraremos perscrutar um pouco as possibilidades que a escrita proporciona como meio de produção.

Em um capítulo de *Les manuscrits des écrivains* [Os manuscritos dos escritores][33], Louis Hay mostra inúmeros testemunhos desse uso inventivo da escrita desde o Império Romano, principalmente em virtude de documentos que sobreviveram graças à erupção do Vesúvio na cidade de Herculano. Esses testemunhos ressaltam a importância da com-

▼ ▼ ▼ ▼ ▼

32. JEAN, Georges. *L'écriture: mémoire des hommes*, cit., p. 4.
33. HAY, Louis. "L'écriture vive". In: *Les manuscrits des écrivains*, cit.

posição escrita, por possibilitar a retomada daquilo que já foi escrito.

No correr da Idade Média, com o surgimento das universidades, o aparecimento de um primeiro humanismo e a renascença da literatura profana, expande-se o emprego da escrita autógrafa (não mais o trabalho dos copistas), que conta com a eficácia da letra cursiva minúscula, de execução mais rápida, e com a generalização do uso do papel, suporte mais barato e prático que o pergaminho. Um exemplo muito significativo dessa transformação no uso da escrita são os manuscritos de Petrarca e Bocaccio, ainda anteriores ao surgimento da imprensa:

> [...] Sobre a página dos sonetos, surge com força a prática dos rascunhos: freqüência da rasura – traço distintivo e procedimento de redação decisivo –, supressões no nível da estrofe, mesmo de meia página, redações interlineares, co-presença de vários projetos redacionais (cinco sonetos estão em curso de elaboração sobre a página). Texto em língua profana com anotações, em latim, que orientam o trabalho [...] enfim, emprego do papel, cujo uso começa a se expandir na Itália. Na mesma época, os *zibaldoni* de Bocaccio atestam o emprego das cadernetas de notas como reservatório de idéias e de formas para uma obra em preparação. Alguns traços constitutivos do "manuscrito de escritor" moderno aparecem assim desde o fim do século XIV, muito antes da invenção da imprensa. Isso exercerá sobre seu destino uma série de efeitos de longa duração. O encontro entre manuscrito medieval e manuscrito moderno no tempo de Petrarca se transforma em divórcio no tempo de Gutenberg.[34]

Embora alguns traços característicos dos manuscritos modernos apareçam já nesses exemplos anteriores ao século XVIII e mesmo anteriores ao surgimento da imprensa, como

▼ ▼ ▼ ▼ ▼

34. Id., ibid., p. 14.

ressalta Louis Hay, esses manuscritos mantêm características próprias do regime discursivo em que estão inseridos. Isto é, por mais que haja reescrituras e rasuras, eles seguem regras de composição e uma série de convenções que os torna muito diferentes dos manuscritos modernos. Como insiste João Adolfo Hansen, ainda que não tratando diretamente de manuscritos de trabalho, quando pensamos as práticas de escrita anteriores ao século XVIII, faz-se necessário pensar a máquina retórica que elas colocam em funcionamento. Assim, como afirma em *A sátira e o engenho*:

> A poesia engenhosa do século XVII é um estilo no sentido forte do termo, linguagem estereotipada de lugares-comuns retórico poéticos anônimos e coletivizados como elementos do todo social objetivo repartidos em gêneros e subestilos. Evite-se o estereótipo: "estereotipada" significa aqui, nem mais nem menos, fortemente regrada por prescrições de produção e de recepção, não o pejorativo desgaste de usos e redundância. Não é "inventiva" – no sentido rotineiro da "expressão esteticamente desviante" – mas *engenhosa, aguda, maravilhosa*, no sentido das convenções sociais seiscentistas da *discrição* cortesã, do *gosto* vulgar, do *engenho* agudo e da *fantasia* poética. Ao poeta seiscentista nada é mais estranho que a originalidade expressiva, sendo a sua invenção antes uma arte combinatória de elementos coletivizados repostos numa forma aguda e nova que, propriamente, expressão de psicologia individual "original", representação realista-naturalista do "contexto", ruptura estética com a tradição, etc.[35]

Não estamos diante de um poesia pautada pelas noções de "autoria", "originalidade", "criação". As práticas de produção respeitam convenções anteriormente prescritas e que presidem a composição (como também a recepção). Essa poesia não é inventiva, ela repropõe em circulação lugares-comuns, tópicas discursivas. Trata-se de uma arte combina-

▼ ▼ ▼ ▼
---
35. HANSEN, João Adolfo. *A sátira e o engenho*. São Paulo: Ateliê, 2004, p. 32.

tória que se constitui valendo-se de procedimentos e temas acumulados pela tradição.

A compreensão dessa estrutura prescritiva permite-nos pensar que, de uma certa forma, ao lidar com manuscritos modernos, pautados por critérios de "criação" fortemente individulizados, a crítica genética está associada a um novo modo de regime discursivo que ganha força com a perda de vigor das convenções retóricas. É como se o processo de produção ganhasse relevância quando as regras de composição são colocadas em dúvida. Como se a partir de um determinado momento tudo se jogasse na cena da escritura.

Vimos no primeiro capítulo quanto de ilusão burguesa há nessa idéia de composição quando mostramos sua relação com o modelo de produção fabril. Procuramos mostrar como, a contrapelo de suas intenções, a produção literária entra em um novo regime de condições de enunciabilidade, enfatizando principalmente o papel dos manuscritos.

Como trataremos especificamente desse regime discursivo, no qual a crítica genética está inserida, no último capítulo, passaremos agora a analisar algumas caracterísiticas lingüísticas ligadas à configuração que essas questões assumem nos manuscritos modernos. Essa empreitada nos ajudará também a entender como traços característicos dos manuscritos passaram a fazer parte de muitas obras publicadas, sobretudo no século XX. Essa visada lingüística, ademais, foi a base dos primeiros estudos genéticos. Desenvolveremos inicialmente questões acerca da enunciação nos manuscritos e como uma visão performativa da linguagem pode nos ajudar a entender alguns problemas deles decorrentes. Em seguida, trataremos da questão da oralidade. Em outras palavras, tentaremos entender as transformações operadas na própria linguagem a partir da escrita e dos procedimentos que ela possibilitou.

4. Enunciação e performatividade

Os primeiros trabalhos de crítica genética, até pelo fato de os pesquisadores serem lingüistas de formação, ao atentarem para a escrita como invenção, procuraram perscrutar as transformações operadas na linguagem no desenrolar da produção escrita. Afinal, tratando-se de literatura, impunham-se algumas perguntas: como a escrita transforma a linguagem literária? Quais as características lingüísticas das práticas literárias de produção escrita?

Para Jean-Louis Lebrave[36], a crítica genética opera no deslocamento teórico efetuado pelos estudos lingüísticos, em que ganham relevo as questões relativas ao *uso* da língua. Trata-se da passagem do estudo do enunciado para o estudo da enunciação, isto é, na formulação de Benveniste, de se concentrar nos problemas implicados na "colocação em funcionamento da língua por um ato individual de utilização". A crítica genética, contudo, ainda segundo Lebrave, deve se ater ao fato de se tratar de uma enunciação escrita, uma enunciação diferida, já que cria momentos separados, ainda que inter-relacionados, de produção e recepção.

Do ponto de vista da crítica genética, os manuscritos estariam ligados às marcas dessa construção contínua da enunciação com todos os movimentos, idas e vindas, correções, antecipações que a caracterizam. A singularidade dessa enunciação – escrita – seria a manutenção de rastros de seu processo, que funcionam: 1) como memória externa; 2) como inscrição de um produto (o próprio manuscrito) e traço de um processo enunciativo; e 3) como meio para a produção de um objeto singular (a obra).

▼ ▼ ▼ ▼

36. LEBRAVE, Jean-Louis. "Crítica genética: uma nova disciplina ou um avatar moderno da filologia?" In: ZULAR, Roberto, op. cit., pp. 97-146.

Tomemos como exemplo a análise que Lebrave e Almuth Grésillon[37] realizam dos manuscritos da abertura de *Em busca do tempo perdido*, de Marcel Proust. Eles mostram como o eixo da enunciação desses manuscritos é uma constante oscilação entre as locuções adverbiais "já não mais" e "ainda não"[38]. O narrador já não era o menino que dormia, nem o escritor que se tornaria no final do romance. Ele se refere constantemente às situações que já não existiam mais, mas que ao mesmo tempo ainda não tinham se transformado em outra coisa. Surge assim um tempo próprio da escrita do romance, que vai se transformando à medida que é escrito, em um tempo indeterminado, um intervalo sempre aberto, passível de ser constantemente preenchido com os mais diversos tempos; tanto que, entre o "já não mais" e o "ainda não" dos manuscritos, o romance se abre nessa dimensão intervalar com a expressão "durante muito tempo": "Durante muito tempo, costumava deitar-me cedo."

Esse tempo da duração, apontam os críticos, é o tempo da própria saga de *Em busca do tempo perdido*, composta de vários títulos. Os manuscritos mostram que o primeiro e o último volume foram escritos conjuntamente, no início da redação, e todo o caminho de escrita se perfez naquele "durante muito tempo", na escrita infinita dos entremeios. Os manuscritos, portanto, trazem o traço de sua enunciação, as tensões entre "já não mais" e "ainda não", e mostram a necessidade de trans-

▼ ▼ ▼ ▼ ▼

37. LEBRAVE, Jean-Louis & VIOLLET, Catherine (orgs.). *Proust à la lettre – les intermittences de l'écriture*. Tusson: Du Lérot, 1990.
38. Essa tensão lembra um apontamento de Valéry retomado por Ivã Carlos Lopes e Luiz Tatit. "Ordem e desordem em fora da ordem." In: *Teresa* – Revista de literatura brasileira. São Paulo: USP/Editora 34, 2004.
   Noções de retardamento.
   O que (já) é, não é (ainda) – eis a Surpresa.
   O que não é (ainda), já é – eis a espera.

formação operada nos tempos verbais do francês tão característica da escrita proustiana. Os manuscritos nos ajudam a entender como em Proust o tempo do enunciado (o tempo ficcional do enredo), o tempo da enunciação (quando, como e onde aquilo é enunciado) e o tempo da leitura se imbricam na constituição de seu universo ficcional (ver figura 8).

Artigos recentes, como os de Almuth Grésillon na revista *Langages*[39], têm apontado um novo viés de interpretação lingüística suscitada pelos manuscritos, atentando para o caráter performativo que os caracteriza. De maneira breve, podemos dizer que se trata de atentar não apenas para o processo enunciativo, mas para aquilo que o escritor está fazendo quando enuncia, isto é, para "aquilo que fazemos quando dizemos algo".

A noção de performativo, ou de visão performativa da linguagem, foi desenvolvida pelo filósofo inglês John Langshaw Austin em meados do século XX. A questão levantada por Austin referia-se à existência de pronunciamentos que não eram constatações, ou seja, que não eram nem verdadeiros nem falsos e que, portanto, possuíam um estatuto diferente daqueles calcados no referente exterior, e por isso denominados constatativos. A esses enunciados que não afirmam algo sobre o mundo, mas fazem algo no mundo, Austin chamou de performativos.

Em *Quando dizer é fazer – Palavras e ação*[40], Austin começa trabalhando com os verbos performativos explícitos empregados na primeira pessoa do singular, voz ativa e tempo presente. Nesses casos, os proferimentos não afirmam nada do mundo, mas realizam uma ação no ato mesmo de proferir.

▼ ▼ ▼ ▼ ▼

39. "Processus d'écriture et marques linguistiques. Nouvelles recherches en génétique du texte". *Langages*. Paris: Larousse, set. 2002, n.º 147.
40. Porto Alegre: Artes Médicas, 1990. Trad. Danilo Marcondes de Souza Filho.

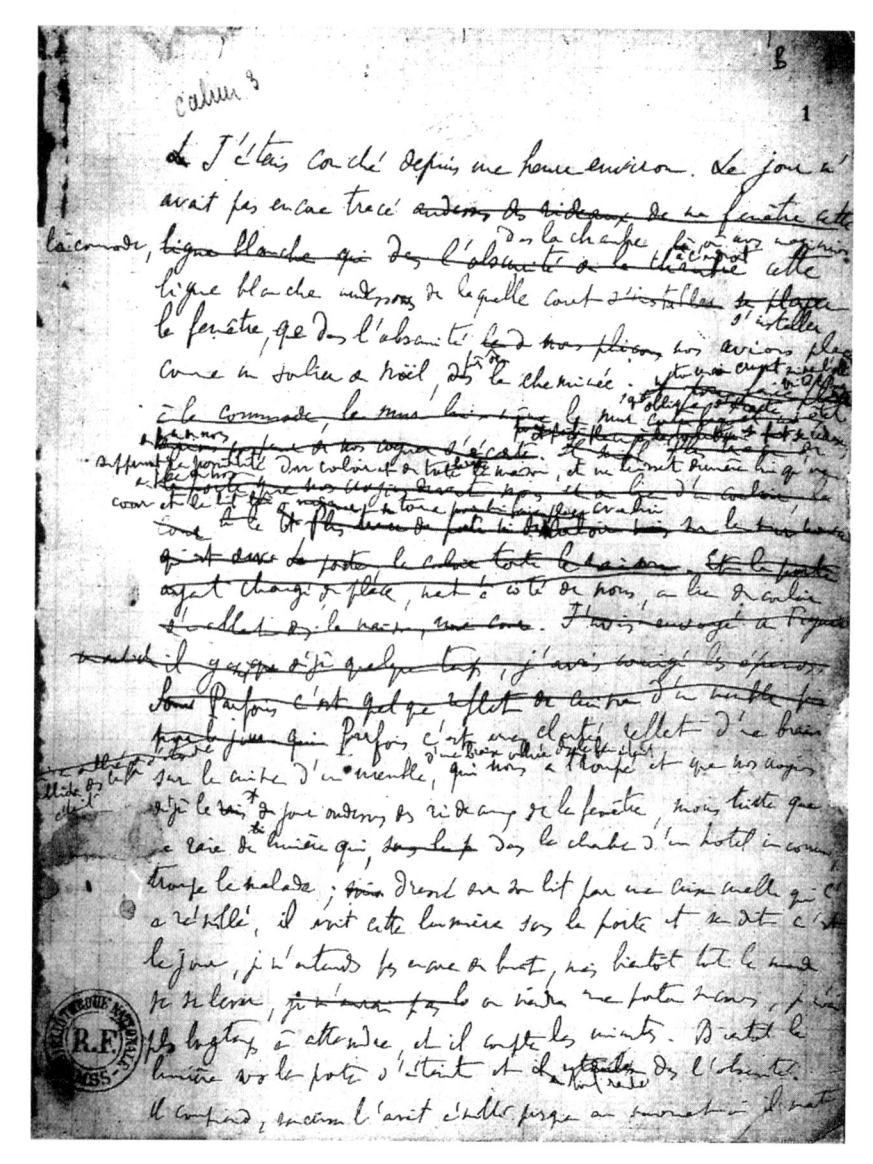

Figura 8. Uma página do caderno 3 de *Em busca do tempo perdido*, de Marcel Proust.

O caso mais flagrante é quando digo "Eu prometo": independentemente da verdade ou falsidade da minha afirmação, ao proferir essas palavras eu realizei a ação de prometer. A promessa está feita quer ela seja cumprida ou não[41].

Nesse primeiro momento, Austin classifica os verbos performativos explícitos em três tipos básicos. Os promissivos (como o "eu prometo", mas também "eu proponho escrever", e todos aqueles que engajam o sujeito numa ação futura), os prescritivos ("eu ordeno que você faça", eu determino uma conduta ou, de modo mais geral, aqueles que implicam ordens) e, por fim, os declaratórios ("eu vos declaro marido e mulher", em que se declara uma situação que é constituída a partir daquela declaração). Em todos esses casos, é importante frisar que a ação se realiza no próprio proferimento que não pode ser verdadeiro ou falso, mas apenas feliz ou infeliz, dependendo das prerrogativas para a realização daquele ato. (Por exemplo, uma declaração de casamento feita por quem não tem poderes para tanto. Nesse caso, a declaração foi infeliz, mas não inverídica.)

No desenvolvimento das conferências que constituem *Quando dizer é fazer*, uma série de questionamentos tornam a diferença entre constatativo e performativo pouco sustentável (afinal, toda constatação implica alguma ação), levando Austin a uma nova tipologia dos atos de fala: os locucionários (a ação *de dizer*, a construção de um proferimento dentro de determinadas regras gramaticais e sociais), os ilocucionários (mais próximos do conceito anterior de performativo, ligados àquilo que se faz *ao dizer*) e os perlocucionários (ligados aos efeitos produzidos em alguém pelo fato de dizer, isto é, aquilo que se faz *por dizer*).

▼ ▼ ▼ ▼ ▼

41. Veja-se que, se eu digo "Ele promete", já se trata de um proferimento constatativo.

De modo bastante genérico, poderíamos dizer que a crítica literária tradicional se preocupou com os atos de fala locucionários, a estética da recepção com os perlocucionários e que, recentemente, vários teóricos da literatura voltaram-se mais para o caráter ilocucionário da literatura. Contudo, o próprio Austin não ficou satisfeito com os desdobramentos de suas idéias (até mesmo com a tripartição locucionários, ilocucionários e perlocucionários) e afirmava expressamente que elas não se aplicavam ao campo das artes (*sic*). Diante dessas indefinições e dado o interesse da proposta austiniana, surgiram inúmeros debates entre pesquisadores como Benveniste, Searle, Derrida, Foucault, Culler, Buttler, que não trataremos aqui. Procuraremos apenas enfatizar alguns usos possíveis do que Paulo Ottoni chamou de "visão performativa da linguagem"[42], ligados à crítica genética, mas sem perder de vista que é a integração entre as várias dimensões dos atos de fala que importa. Como afirmou Valéry – multiplicando essas dimensões – quando perguntado sobre o sentido de um de seus poemas: "foi a intenção de fazer que quis o que eu disse".

Em um primeiro momento, podemos dizer que o caráter performativo da linguagem define a própria característica da literatura na medida em que ela constrói aquilo que fala, isto é, na medida em que ela constitui pelo seu fazer um mundo próprio que não existe senão quando de sua enunciação. Para Jonathan Culler,

> [...] há muito tempo os teóricos afirmam que devemos atentar para o que a linguagem literária faz tanto quanto para o que ela diz, e o conceito de performativo fornece uma justificativa lingüística e fi-

▼ ▼ ▼ ▼ ▼

42. OTTONI, Paulo. *Visão performativa da linguagem*. Col. Viagens da Voz. Campinas: Editora da Unicamp, 1998.

losófica para essa idéia: há uma categoria de elocuções que, sobretudo, fazem algo [...] O começo de *Ulisses*, de James Joyce, "Sobranceiro, fornido, Buck Mulligan vinha do alto da escada, com um vaso de barbear, sobre o qual se cruzavam um espelho e uma navalha", não se refere a algum estado anterior de coisas, mas cria esse personagem e essa situação.[43]

O caráter performativo da literatura liga-se à própria constituição da ficcionalidade, isto é, à construção de universos imaginários que os textos literários colocam em movimento. Claro que isso depende de alguma constatividade e do contexto de produção e de leitura, o que leva alguns a caracterizar a literatura como uma hesitação não resolvida entre o constatativo e o performativo. Para Luiz Costa Lima, a ficcionalidade se define exatamente pela diferença entre o mundo exterior (do texto e do leitor) e a sua performatividade:

> [...] a ambigüidade referida resulta do seguinte: sob o regime do ficcional a palavra remete a outra coisa, *i.e.*, tem uma vertente alegórica, ao mesmo tempo que permanece performativa, *i.e.*, vale pelo que realiza e não só pelo que refere. Essa ambigüidade cria uma tensão interna que se atualiza no ato de leitura e recebe soluções variáveis de obra para obra, de período para período.[44]

Entre o que realiza e o que refere, na ambigüidade de sua constituição, a literatura depende do universo discursivo em que é produzida e lida. A ficcionalidade só se define de maneira relacional. Retomando Austin, é só a partir das condições de enunciação que se pode flagrar a felicidade ou infelicidade de um ato de fala. Daí decorrem conseqüências importantes das quais destacaremos duas.

▼ ▼ ▼ ▼ ▼

43. CULLER, Jonathan. *Teoria literária – uma introdução*. São Paulo: Beca, 1999, p. 97.
44. LIMA, Luiz Costa. *O fingidor e o censor no Ancien Régime, no Iluminismo e hoje*. Rio de Janeiro: Forense, 1988, p. 362.

Primeiramente, o conceito de literatura, surgido no correr do século XVIII, está relacionado a outros atos constitutivos da sociedade moderna, por exemplo, as constituições, as leis e as declarações de direitos (que são atos performativos por excelência). Trata-se de um momento em que o discurso se torna constitutivo da própria vida da sociedade e no qual se insere a ficcionalidade.

Além disso, uma vez que a ficcionalidade só pode ser entendida como algo que se faz (e que não apenas representa) no campo social, torna-se necessário inserir o discurso literário nas práticas discursivas que ultrapassam a dimensão idiossincrática do sujeito que enuncia: "o performativo rompe o vínculo entre sentido e intenção do falante, já que o ato que realizo com as minhas palavras não está determinado pela minha intenção, mas por convenções sociais e lingüísticas"[45]. Ao não se centrar na noção de intencionalidade, essa visão torna necessário que se constitua uma nova teoria do sujeito pautada no contato com essas regras e nas tensões que elas geram, isto é, uma teoria performativa do sujeito que procure mostrar como ele se constitui pelos seus atos (não apenas discursivos).

Aproximemo-nos agora das questões que esses desdobramentos suscitam especificamente no que toca ao tema deste livro. Primeiramente, é preciso enfatizar a visão performativa da escrita e dos arquivos que advém da posição assumida por Michel Foucault. Para ele, retomando uma citação anterior:

> O enunciado não é então uma estrutura (ou seja, um conjunto de relações entre elementos variáveis, autorizando assim um número talvez infinito de modelos concretos); é uma função de existência própria dos signos e a partir da qual é possível decidir, em seguida, pela análise ou pela intuição, se eles "fazem sentido" ou não, segundo que

▼ ▼ ▼ ▼ ▼

45. CULLER, J., op. cit., p. 97.

regra eles se seguem ou se justapõem, do que eles são signo e **que tipo de ato se efetua por sua formulação (oral ou escrita)**.[46]

Foucault não estabelece uma separação estrita entre oralidade e escrita, acentuando, pelo contrário, o modo de circulação de discursos e, mais do que isso, os atos por meio dos quais eles se constituem. Além disso, reforça-se a relação que os "enunciados" (no sentido foucaultiano) mantêm com as regras que eles seguem ou com as regras às quais eles estão ligados (por exemplo, no caso que vimos antes, a relação entre os atos constitutivos da esfera política e da ficcionalidade). Por fim, Foucault não se preocupa tanto com o signo quanto com aquilo que faz dos enunciados signos de alguma coisa e, portanto, dos atos que se efetuam por sua formulação.

Assim, mais uma vez retomamos a necessidade de pensar a crítica genética no âmbito das práticas nas quais ela se insere, notadamente os modos de produção, circulação e recepção da escrita e, acrescentamos, a partir do performativo, do universo discursivo em que cada texto opera, atentando para a ficcionalidade que percorre todo o processo. Há um engajamento na produção que constrói continuamente os universos imaginários que vão sendo formulados, as opções que os circunscrevem e os discursos que são colocados em movimentos (literários ou não) e em relação aos quais se define sua especificidade[47].

▼ ▼ ▼ ▼ ▼

46. FOUCAULT, Michel. *L'archéologie du savoir*, cit., p. 115.
47. Um exemplo bem-sucedido dessa operação pode ser visto no terceiro capítulo da tese *Como as mil peças de um jogo de escritura nos manuscritos de Flaubert*, de Verónica Galindez Jorge (Tese de doutorado sob a orientação de Philippe Willemart. Universidade de São Paulo, 2003) em que a pesquisadora, tratando das construções da alucinação na escritura de Flaubert, mostra como o texto flaubertiano, por um uso inusitado da citação, se constitui no redemoinho de discursos (científico, jurídico, psiquiátrico, literário) com os quais ele dialoga. Essa inteligência da citação

Neste momento, cumpre salientar um fato há muito enfatizado pelos geneticistas e intrinsecamente ligado a uma visão performativa da linguagem: a literatura é um fazer, é algo que se faz, constrói, inventa. E mais do que isso: ao inventar, construir, fazer é o próprio ato de escrita que está em jogo. É como se, ao tomarmos contato com os manuscritos, tivéssemos de acrescentar mais um eixo na análise da literatura: ao lado do enunciador e do enunciatário (ou seja, das partes constitutivas do interior da enunciação), teríamos o processo de escrita – o ato de escrever – e seu correlato, o ato de leitura.

Dessa visão performativa da escrita, ligada à própria constituição da ficcionalidade, decorrem ao menos duas possibilidades de inter-relação entre as práticas de escrita e a construção formal que caracteriza a literatura: 1) uma visada, mais tradicional, ligada à passagem da produção escrita à forma; e 2) outra que escancara o próprio processo como forma. Lembramos desde já que, como mostraremos, em ambos os casos, estamos diante de um processo mimético, já que o ato não está mais lá e só pode ser reconstruído pela leitura atenta à especificidade dos procedimentos de cada texto, isto é, à sua singularidade.

Da produção escrita à forma

Quando pensamos a literatura como um fazer e, portanto, performativamente, precisamos primeiramente estabelecer algumas balizas para não confundirmos o ato de escrita com os atos de linguagem mimetizados pela literatura e que constituem o seu universo ficcional. Em outras palavras, cha-

▼▼▼▼▼

opera também na inter-relação entre diversos espaços escriturais, como a correspondência, as anotações marginais, os esboços etc. No próximo capítulo voltaremos a tratar dessa tese.

mamos a atenção para o fato de a produção escrita estar ligada à construção de um processo de leitura. Na instigante afirmação de Umberto Eco, "o texto é um produto cujo destino interpretativo deve fazer parte do próprio mecanismo gerativo". Essa construção de uma outra temporalidade – a da leitura – faz com que os vários atos de escrita possam ser reorganizados numa seqüência totalmente distinta da sua produção. Essa reorganização constitui a forma que será atualizada (e também reorganizada) pelo ato de leitura.

Em um livro em outros pontos pouco crítico, Antoine Compagnon aponta que "em poesia, um ato de linguagem aparente não é realmente um ato de linguagem, mas somente a *mímesis* de um ato de linguagem real. A apóstrofe à Morte, ao fim do poema 'Voyage', por exemplo: 'Verta sobre nós teu veneno para que ele nos reconforte!' não é realmente uma ordem, mas somente uma imitação de uma ordem, um ato de linguagem fictício que se inscreve num ato de linguagem real, que é escrever um poema". O que é preciso perceber é que o que vemos sobre a página publicada e mesmo sobre os manuscritos já não é mais esse "ato real de linguagem" – que já aconteceu, já se fez –, mas simplesmente as marcas desse ato que terão de ser "lidas" tanto quanto textos publicados.

Voltamos aqui à afirmação de Umberto Eco que liga o trabalho da forma à construção de uma outra temporalidade – de leitura – que deve ser considerada na análise dos processos. Para Valéry, essa passagem à forma se dá pela pregnância das marcas dos atos, marcas essas que, contudo, caminham para uma indeterminação em torno da qual gira o ato de leitura. A forma seria, assim, a possibilidade de um ato de fala significar para além do que ele diz. Como se os sucessivos atos de escrita configurassem uma constelação de relações que traz a marca desses atos, mas não se reduz a eles. Nessa visão do universo poético, a ênfase não recai sobre a multiplicidade de atos, mas no ato de configuração formal dessa multiplicidade em um objeto, o poema[48]:

> Em outros termos, nos empregos práticos ou abstratos da linguagem, a forma, ou seja, o físico, o sensível e o próprio ato do discurso, não se conserva; não sobrevive à compreensão; desfaz-se na clareza; agiu; desempenhou sua função; viveu.
>
> E, ao contrário, tão logo essa forma sensível adquire, através de seu próprio efeito, uma importância tal que se imponha e faça-se respeitar – e não apenas observar e respeitar, mas desejar e, portanto, retomar –, então alguma coisa de novo se declara: estamos insensivelmente transformados e dispostos a viver, a respirar, a pensar de acordo com um regime e sob leis que não são mais de ordem prática – ou seja, nada do que se passar nesse estado estará resolvido, acabado, abolido por um ato bem determinado. Entramos no universo poético.[49]

Valéry se aproxima assim do gesto de configuração formal que pode ser acompanhado em um exemplo interessantíssimo, apresentado por Paul Zweig em seu *Walt Whitman – a formação do poeta*[50]. Zweig mostra como os manuscritos iniciais, notas em prosa argumentativa, escritos por Walt Whitman, se transformam, por meio de uma série de cortes e rupturas, na invenção do verso livre longo e ritmado de "Ode a mim mesmo".

Primeiramente, vejamos as notas em prosa (os trechos em itálico referem-se àqueles que serão reelaborados em verso livre):

> Penso que a alma não vai parar nunca, nem alcançar qualquer crescimento além do qual não possa ir. – *Quando eu caminhava à noite*

▼ ▼ ▼ ▼ ▼

48. Cabe ao geneticista, portanto, apontar quais mudanças são realmente significativas e não simplesmente descrevê-las.
49. VALÉRY, Paul. "Poesia e pensamento abstrato". In: *Variedades*. São Paulo: Iluminuras, 1993.
50. Rio de Janeiro: Zahar, 1988.

à beira-mar e levantava os olhos para as incontáveis estrelas, perguntava à minha alma se estaria plena e satisfeita quando se tornasse deus envolvendo-as todas, e aberta à vida e ao prazer e ao conhecimento de tudo nelas ou delas; e a resposta era, Não, quando eu chegar lá ainda vou querer ir mais além.

Não serei um grande filósofo nem fundarei qualquer escola, construída com pilares de ferro, reunindo em torno de mim os jovens e tornando-os meus discípulos, para que novas igrejas e políticas advenham.

– Mas levarei *cada homem e cada mulher* dentre vocês até a janela e abrirei suas portas e vidraças e *meu braço esquerdo os tomará pela cintura* e o *braço direito* lhes apontará a estrada sem fim e sem começo de cujos lados estão as ricas *cidades* populosas de toda filosofia viva, e portões ovais que conduzem para campos de trevo e paisagens de arbustos de sassafrás, e pomares de boas maçãs, e cada sopro da sua boca será de um novo ar perfumado e elástico, que é amor. – Nem eu – nem Deus – podemos viajar por essa estrada por você. – *Não é longe*, está ao alcance de sua mão; *talvez você descubra que já está nela sem saber*. – *Talvez você a encontre por toda parte, sobre o oceano e sobre a terra*, uma vez que você tenha a visão dela.[51]

Esse material será reformulado por Whitman, chegando à forma que conhecemos, com seus paralelismos bíblicos, seus substantivos fixos e verbos flutuantes, indefinidos, em busca de uma "nova poesia democrática":

Vagueio sem destino numa perpétua jornada,
Minhas marcas são um casaco à prova de chuva, bons sapatos e um
[cajado cortado no bosque;
Nenhum amigo meu descansa na minha cadeira,
Não tenho cadeira, nem igreja, nem filosofia;
Não conduzo ninguém à mesa de jantar, à biblioteca, a trocar idéias,
Mas cada um de vocês, homens e mulheres, eu conduzo a um outeiro.
Minha mão esquerda em torno de sua cintura,
Minha mão direita aponta panoramas e continentes, e uma simples
[via pública...

▼ ▼ ▼ ▼ ▼

51. Id., ibid., p. 238.

Não é longe... fica bem próximo,
Talvez você esteja lá desde que nasceu, mas sem saber,
Talvez fique em toda parte, água ou terra.[52]

Note-se que a manutenção do tom se coaduna com um ritmo de retomadas (no poema já não se trata nem de uma história nem de um argumento), o discurso argumentativo cede lugar às marcas concretas de um homem (casaco, cadeira, outeiro) e a estrada vira uma simples via pública. É como se no primeiro esboço tivéssemos um apelo mais constatativo e, no segundo, uma configuração formal mais específica[53] que engaja a leitura, ou, nas palavras de Jonathan Culler:

> Nesse estágio da história do performativo, o contraste entre constatativo e performativo foi redefinido: O constatativo é linguagem que afirma representar as coisas como elas são, nomear as coisas que já estão aqui, e o performativo são as operações retóricas, os atos de linguagem que minam essa afirmação impondo categorias lingüísticas, criando as coisas, organizando o mundo em lugar de simplesmente representar o que existe.[54]

No caso de Whitman, é o próprio surgimento do verso livre que está em jogo. O performativo permeia o processo, mas é como forma que ele possibilita pensar as tensões que projetam as práticas de produção para além delas mesmas.

▼ ▼ ▼ ▼ ▼

52. Id., ibid., pp. 238-9.
53. Veja-se que essa ocorrência quase literal no exemplo citado – do constatativo ao performativo – não é nenhuma regra, senão uma coincidência casual e, no caso, didática. Podemos mesmo pensar no movimento inverso, em que determinadas restrições técnicas se impõem ao processo (por exemplo, no caso de um soneto). Como veremos no tópico seguinte, há toda uma inteligência dos atos que cada vez mais permeiam a literatura.
54. CULLER, Jonathan, op. cit., p. 101.

Dos atos de produção escrita como forma

Por outro lado, a história da literatura nos mostra o quanto as marcas da própria produção têm gradativamente deixado seus rastros nos textos publicados. Retomando o tópico anterior, é como se as esferas entre o público e o privado, o processo caótico de produção e sua organização para publicação tivessem gradualmente alcançado contornos menos nítidos. Trata-se, como vimos, de uma grande transformação sociocultural que se produz no desenrolar da história da literatura[55], tendo se radicalizado com as novas tecnologias de escrita (como, por exemplo, na escrita *on-line* ou nos *blogs*).

Almuth Grésillon, no artigo já citado sobre o performativo, mostra o quanto determinadas características dos manuscritos podem ser encontradas em diversos textos publicados, sobretudo a partir do século XX. Primeiramente, a pesquisadora traça as características dos manuscritos ligadas ao performativo. O que vemos nos esboços seria algo próximo de uma "palavra interior exteriorizada", e que se manifesta pelo que ela chama de "hipótese performativa generalizada". É como se o processo de escrita envolvesse um constante "diálogo interior" em que reiteradamente há um engajamento do escritor por meio de atos de linguagem ligados aos verbos performativos explícitos de que trata Austin (promissivos, prescritivos e declaratórios): 1) auto-injunções (fórmulas do tipo "eu me proponho a escrever x", como "usar metáforas mais sutis no poema", "A cena na estação deve ocorrer numa tarde ensolarada"); 2) auto-interrogações

▼ ▼ ▼ ▼ ▼

55. Importante salientar que nas notas seguintes procuramos nos distanciar do conceito de "metalinguagem" por meio do qual esses problemas vêm sendo tratados. Nossa ênfase recai sobre o *fazer*, enquanto a idéia de uma "linguagem sobre a linguagem" remete a considerações genéricas mais afeitas a uma suposta língua-padrão e seus desvios que à especificidade da literatura.

("Manter as rimas tão acentuadas?", "Como a personagem viajará?"); 3) auto-avaliações ("está bom", "cortar esta parte"). Em um segundo momento, Grésillon aponta como essas marcas dialogais, a presença do performativo, isto é, as marcas da ação que faz o texto passam a ser constitutivas da própria ficcionalidade característica não só dos manuscritos como das versões publicadas de inúmeros romances e poemas contemporâneos, como em Nathalie Sarraute e Samuel Beckett. A hipótese de Grésillon é de que a distância entre manuscritos e publicações encurtou, tornando os textos muito próximos daquilo que antes aparecia apenas nos manuscritos. Isso faz com que pensemos que assim como a ficcionalidade é constitutiva dos manuscritos, o ato de escrever passa a constituir o universo ficcional também nas obras publicadas.

Entre nós, claro, o exemplo que vem à mente é *A hora da estrela*, de Clarice Lispector, desde os vários títulos ("A culpa é minha OU A hora da estrela OU Ela que se arranje OU O direito ao grito etc.") e, sobretudo, pelas inúmeras marcas de auto-injunções e auto-interrogações explícitas no corpo do romance, desde o início:

> Enquanto eu tiver perguntas e não houver resposta continuarei a escrever [auto-injunção]. Como começar pelo início, se as coisas acontecem antes de acontecer? Se antes da pré-pré-história já havia os monstros apocalípticos? [auto-interrogação] Se esta história não existe, passará a existir. Pensar é um ato. Sentir é um fato. Os dois juntos – sou eu que escrevo o que estou escrevendo.[56]

Esse desdobramento da escrita sobre si mesma, mais do que um mero recurso, aponta modos de haver-se com aquilo que escapa, com uma subjetividade sem pontos de ancora-

▼ ▼ ▼ ▼ ▼

56. Rio de Janeiro: Rocco, 1999, p. 11.

gem seguros e que se desdobra na dúvida. Segundo Teresinha Meirelles, mesmo diante dessa exposição mimética do processo, faz-se necessário pensar em uma poética do ato, a qual, contudo, não pode restringir-se às auto-referências acima expostas. Uma "poética do ato poderia constituir-se como a possibilidade de acompanhar o ato (poético) através de outro ato (o de leitura), orientada pelos efeitos produzidos nesse encontro e atenta aos procedimentos que o caracterizam"[57].

Essa visão performativa também pode nos ajudar a entender como o próprio manuscrito ganha estatuto de obra ou até de um "novo gênero literário" em Francis Ponge e também em Waly Salomão.

O gesto de Ponge, contemporâneo ao surgimento da crítica genética, não poderia ser mais revelador. Em 1972, após a publicação do poema "O pré", publica os manuscritos da produção do poema em uma belíssima edição fac-similar que conta, até mesmo, com a transcrição desses manuscritos (ver figura 9). É como se toda a história da poesia, ao menos desde a reflexão sobre o fazer poético dos primeiros românticos alemães, a *Filosofia da composição* de Edgar Allan Poe, passando pelo poema em prosa, o verso livre, a exploração da escrita nos quadros modernos e contemporâneos (como em Picasso, Magritte, Cy Twombly etc.), a exploração da página por Mallarmé e as reflexões sobre o fazer poético de Valéry, ganhasse nova inflexão com a publicação – só possível com o desenvolvimento de novos meios tecnológicos – dos próprios manuscritos. De certa forma, podemos

▼ ▼ ▼ ▼ ▼

[57]. "Poética e ato". Trabalho apresentado por Teresinha Meirelles do Prado em reunião do Laboratório do Manuscrito Literário, FFLCH, USP. Essa discussão foi retomada em *Poética e ato na ficção de Clarice Lispector*. Tese de doutorado em Língua e Literatura Francesa, defendida na Faculdade de Filosofia, Letras e Ciências Humanas da Universidade de São Paulo.

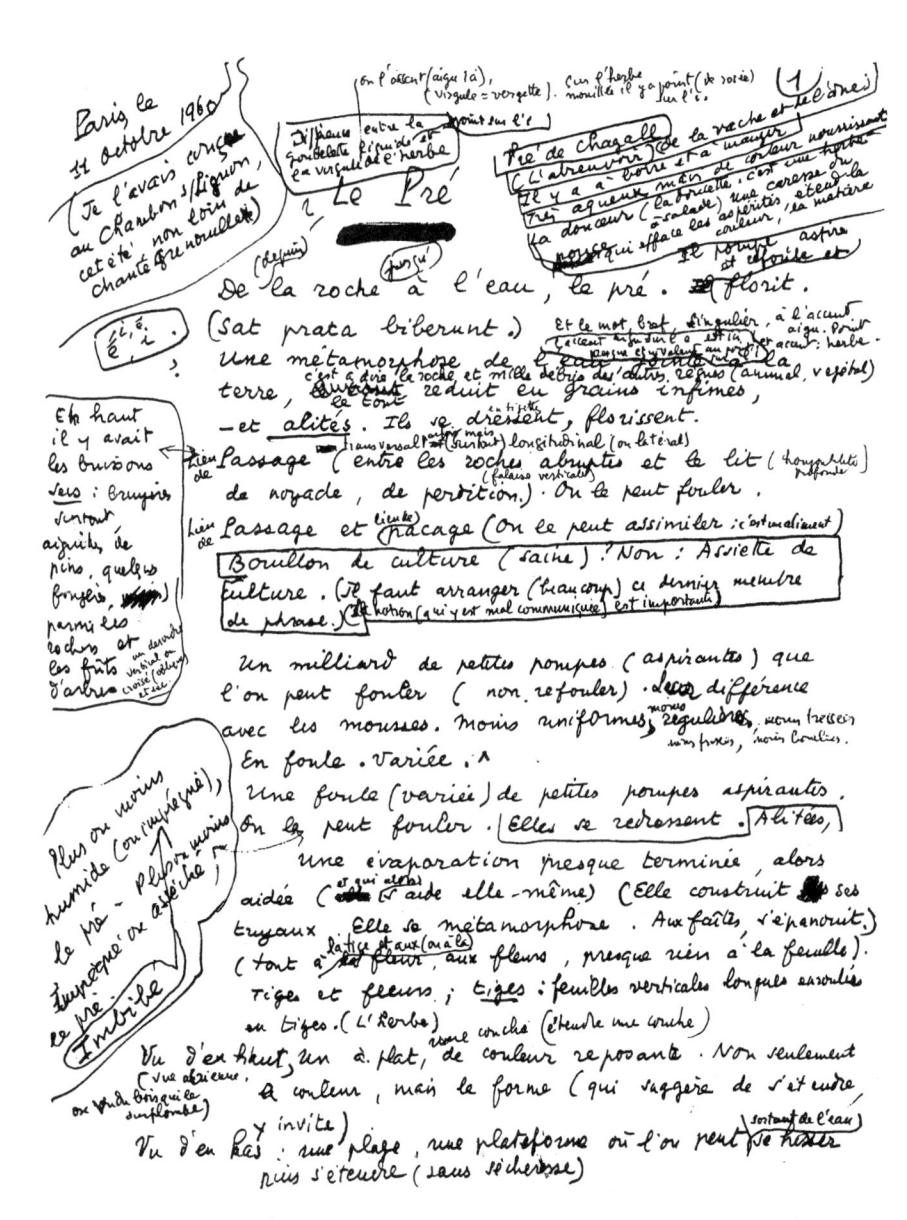

Figura 9. Primeira página dos manuscritos de *La fabrique du pré* [A fábrica do pré], de Francis Ponge.

pensar que a crítica responde a essa demanda da própria literatura[58].

Waly Salomão, em meados dos anos 70, por um outro caminho que dialoga com as questões históricas tratadas anteriormente, mas que são perpassadas pelas questões específicas da poesia brasileira, em especial a visualidade da poesia concreta, a teoria do "Probjeto" de Hélio Oiticica, e pela problematização da escrita em *Me segura qu'eu vou dar um troço*[59], também explora a utilização dos próprios manuscritos que são fotografados em diversos ambientes para constituir aquilo que ele chamou de *Babilaques* (ver figura 10).

Se o gesto de publicação dos próprios manuscritos é sintomático de uma mudança na relação com o próprio fazer literário, alterando também os modos de circulação e recepção – daí por que Ponge falar em um novo gênero – sua força didática não pode apagar os matizes de outras inúmeras possibilidades de inter-relação entre produção e leitura. Foi o que brevemente tentamos apontar ao nomear o arco histórico no qual se desdobra o gesto pongeano. Seja refletindo sobre a escrita literária, seja publicando manifestos ou disseminando técnicas, o questionamento do ato de escrever tem sido uma das marcas mais pregnantes da modernidade. Ponge e Waly apenas levam ao limite essa inflexão, tornando os atos de escrita, com suas hesitações e descontinuidades, constitutivos da forma literária e explorando os aspectos gráficos do manuscrito.

▼ ▼ ▼ ▼ ▼

58. Em um belíssimo e longo poema desse "novo gênero" – "A mesa" – Ponge nem sequer elabora uma versão final: os manuscritos são o próprio poema. Há edição brasileira, bilíngüe, com tradução de Ignácio Antonio Neis e Michel Peterson (São Paulo: Iluminuras, 2002).
59. Sobre esse assunto, ver ZULAR, Roberto. "O que fazer com o que fazer. Algumas reflexões sobre o *Me segura qu'eu vou dar um troço*, de Waly Salomão". In: *Revista Literatura e Sociedade 8*. São Paulo: FFLCH-USP/Nankim, 2005.

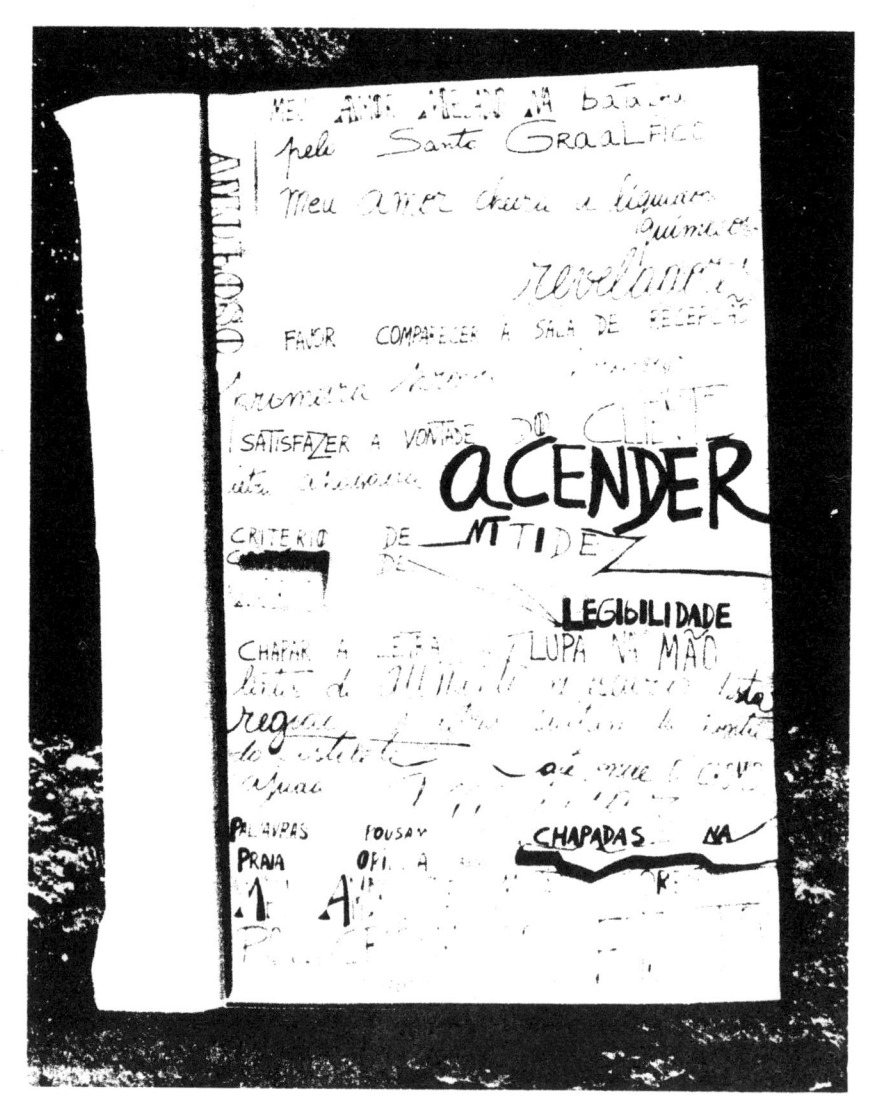

Figura 10. Um dos "Babilaques" de Waly Salomão.

Por sua vez, as características que apontamos em Clarice Lispector são marcas constitutivas do gênero romance, ao menos desde as peripécias narrativas do Dom Quixote de Cervantes ou do diário de Robinson Crusoé. O romance se constitui como gênero colocando a sua própria escrita em questão e, por conseqüência, redimensionando o lugar do leitor no interior desse questionamento. Também aqui o que vemos é uma radicalização desse procedimento nas obras que apontamos.

Nosso esforço teórico em torno de uma visão performativa da linguagem, enfatizando a literatura como um fazer e como um discurso constitutivo, possibilita um viés de aproximação entre crítica genética e teoria literária, isto é, dentro do que tratamos aqui, um viés de leitura que responda tanto a questões suscitadas pelos manuscritos quanto pelas publicações.

Neste ponto, talvez valha a pena retomarmos um pouco o que desenvolvemos sobre o assunto. Partindo de uma "visão performativa da linguagem", vimos o quanto a própria noção de ficcionalidade está ligada a um tipo de enunciação que não se refere somente a uma realidade exterior ao discurso, mas sim a uma realidade que é constituída por essa enunciação. Esse caráter performativo, isto é, constitutivo, contudo, não se esgota em si mesmo. Uma performatividade pura é impossível, ela seria o ato divino de criação do universo. Daí por que pensamos em um caráter duplo: performativo e constatativo, constitutivo e alegórico.

Procuramos então mostrar, ainda que indicativamente, o quanto essa performatividade da literatura ganha relevo na modernidade e quanto a dinâmica dos manuscritos é reveladora desse caráter constitutivo. A visão performativa da linguagem também ajuda a entender as práticas de produção escrita sem fazer referência à intencionalidade, já que aquilo que o escritor faz não é necessariamente aquilo que ele quis dizer. Basta lembrar esses conhecidos versos de Drummond: "Não rimarei a palavra sono/com a incorrespondente palavra outono." Embora o enunciado negue a rima, o fato é que, performativamente, a rima já está feita. O que o poeta faz com as palavras é diferente do enunciado. O exemplo desses versos pode ser generalizado para o poema como um todo e também para as práticas de produção.

Mas, se uma performatividade pura é impossível, se a literatura não goza do poder de impor o seu discurso como o direito ou a política e se nem sequer o poeta sabe o que ele faz, de que serve esse conceito para a crítica e em especial para a crítica genética? Serve para mostrar que os manuscritos não são meros documentos, eles têm uma força própria. Isso muda a nossa postura diante deles: não precisamos reconstituir um hipotético processo, podemos entrar no jogo de suas condições de enunciabilidade, isto é, tentar entender dentro de que regime de discursos e de que práticas de produção, circulação e recepção eles podem surgir.

Dentro desse quadro, pensamos o caráter performativo da linguagem como um meio para investigar as questões formais, muitas vezes alijadas dos estudos genéticos. Daí por que termos pensado, a partir do século XVIII, em dois modos mais didáticos que propriamente históricos. Um primeiro no qual a forma tenderia à construção de um objeto que "performa a forma", não como atos específicos, mas pelo seu caráter de objeto. Ao lado desse movimento, um outro também se mostrou pertinente: o modo como as marcas dos atos de escrita vão gradativamente ocupando o espaço das obras publicadas. Aqui os atos de escrita mimetizados nas obras são constitutivos de sua forma.

Por fim, vale reiterar que em face dos manuscritos não estamos diante de documentos inertes, mas de uma escrita que nos afeta, permeada de construções ficcionais e questões formais. O que mudou de uma versão para outra, as rasuras, são menos indícios de um processo do que a possibilidade de atuação em um universo de descontinuidades. Os manuscritos permitem muitos caminhos, desde a pesquisa de suas condições de enunciabilidade até os mais criativos recortes ou inter-relações que o pesquisador-leitor afetado por eles se permitir fazer. Mas como responder a eles senão trabalhando os nossos próprios textos críticos performativamente? Os manuscritos pedem uma crítica atenta aos procedimentos da escrita literária, uma crítica que faz mais do que diz, que se constrói também formalmente: uma crítica que se desdobra em escrever sobre escrever.

5. Oralidade e escrita

A predominância dada à escrita nos estudos genéticos, reforçada neste capítulo, levou-nos a perceber o quanto ela precisa ser entendida de forma mais abrangente, seja pelo estudo das condições de enunciação, seja pelo alargamento do campo discursivo no qual ela opera. A visão performativa da linguagem procurou ampliar um pouco esse horizonte enfatizando os atos que permeiam a produção escrita literária. Neste tópico, continuaremos a alargar o foco, apresentando algumas questões relativas à oralidade.

Embora não se trate de uma questão específica da literatura brasileira, haja vista que nossa bibliografia é basicamente européia, centraremos nossa análise na pertinência dessas questões em manuscritos de escritores brasileiros, o que ganha relevo quando pensamos na tensa história da inserção da escrita entre nós.

No âmbito da literatura caribenha e latino-americana, a importância dos estudos sobre oralidade também já foi abordada. Segundo Édouard Glissant, referindo-se ao sistema agrário que caracterizou a colonização do Caribe, "é na plantagem, que, como num laboratório, vemos com a maior evidência agirem, confrontadas, as forças do oral e do escrito, uma das problemáticas mais decisivas do nosso mundo". Elida Lois, em "Conflitos discursivos e processos culturais: a elaboração da 'chave lingüística'[60] em José Hernández e Ricardo Guiraldes", referindo-se de maneira geral à importante Coleção Archivos e suas edições críticas de autores latino-americanos, com forte atenção dada aos manuscritos, insiste na importância da inscrição da oralidade e na forte tensão em que ela se produz: "Nos proto-textos de *Martin Fierro*, de *Don Segundo Sombra* e outros textos canônicos da literatura latino-americana, a elaboração de 'socioletos'[61] e de registros constitui o terreno móvel mais fortemente carregado de conteúdo indiciário." E acrescenta que, "da mesma maneira, as tensões entre a cultura oral e a cultura escrita estruturam e desestruturam sem cessar uma autoconsciência latino-americana"[62].

Mas, para pensarmos como a oralidade pode operar essa desestabilização, será preciso, de maneira breve, questionar alguns mitos em torno da hierarquização da escrita com relação à fala e à compreensão do oral como restrito à língua "falada".

Mário de Andrade condena a hierarquização ao enfatizar a linguagem falada como um instrumento vivo em constante mutação e a "linguagem culta [...] como uma língua

▼ ▼ ▼ ▼ ▼

60. Palestra no Segundo Congresso Internacional de Crítica Genética, cujos anais ainda não foram publicados. Texto contido no livro de resumos.
61. Os socioletos, segundo o *Lexique des termes littéraires* (Paris: LGF, 2001) são "todo o conjunto de especificidades linguageiras próprias a um grupo de indivíduos, todo registro de língua especializada, jargão técnico, conjunto de termos próprios a uma categoria social ou profissional dada" (tradução dos autores).
62. Palestra citada.

morta, de tendências necessariamente conservadoras que a fixam pelo estudo e a estratificam pelo cultivo da tradição"[63].

Estudos lingüísticos contemporâneos têm reforçado essa idéia. Mais do que isso, faz-se necessário diferenciar a concepção discursiva (oral ou escrita) do meio de produção (sonoro ou gráfico). Pode haver um discurso oral representado graficamente, como é o caso de uma entrevista publicada em um jornal, assim como um discurso escrito em um meio sonoro, por exemplo, a apresentação de um jornal televisivo. Para o que mais nos importa aqui, esse modo de apresentar o problema cria uma implicação recíproca entre fala e escrita, na qual a escrita não é mera transcrição da fala, como também não é totalmente autônoma em relação a ela.

Entre fala e escrita existem inúmeras posições intermediárias, como mostra Diana Luz Pessoa de Barros[64]. Assim, a dependência do contexto de enunciação e do maior ou menor grau de planejamento e de submissão às regras gramaticais são parâmetros que definem a diferença entre fala e escrita apenas em suas formas puras, havendo uma mistura dessas características – e não uma dicotomia entre os dois pólos.

Esses conceitos não-hierárquicos e que possibilitam perceber a oralidade de textos escritos podem nos ajudar bastante no trato dos manuscritos. Veja-se, de pronto, que traços característicos da fala, como as marcas de formulação e reformulação e a presença de descontinuidades, são características reiteradamente atribuídas aos manuscritos. Resta agora verificar como a oralidade permeia a enunciação escrita e a partir daí

▼▼▼▼

63. ANDRADE, Mário de. "A língua viva". In: *O empalhador de passarinhos*. Belo Horizonte: Itatiaia, 2002.
64. BARROS, Diana Luz Pessoa de. "Entre a fala e a escrita: algumas reflexões sobre as posições intermediárias". In: PRETI, Dino. *Fala e escrita em questão*. São Paulo: Humanitas, 2001, pp. 57-77.

mostrar a especificidade dos procedimentos construtivos. Embora bastante restritos, os exemplos a seguir podem ajudar.

A tensão entre oral e escrito, "a língua do povo" e a "língua culta", é uma das características cruciais de formulação da poética modernista. Infelizmente, não dispomos de uma quantidade significativa de manuscritos, sobretudo dessa primeira fase do modernismo brasileiro, mas um exemplo bastante pontual do tardio *O Santeiro do mangue*, de Oswald de Andrade[65], pode ser bastante revelador[66].

Trata-se de um longo poema dramático que se passa na região do Mangue, zona do baixo meretrício no Rio de Janeiro, fortemente marcado pelo vocabulário dessa região. No fragmento que focalizaremos aqui, "O mangue azul", as hesitações deixam clara essa tensão entre o coloquial e o erudito, o falar das prostitutas e o léxico religioso. Nos Manuscritos, seu título oscila entre "choro de mulher da vida", passa pelo culto e religioso "pranto" até chegar a "O mangue azul", depois de se desvencilhar da referência à forma poética "Balada do mangue azul"[67]. Isto é, o processo é perpassado por uma tensão entre fala e escrita, como também entre fala popular e formas cultas e religiosas (pranto) e poéticas (baladas). O título escolhido dá um tom poético à dureza do tema de que trata, dando cor às agruras do mangue (não só o léxico como a própria musicalidade dos versos remetem a uma oralidade, ainda que escrita, e pedem uma teatralização da leitura, enfatizada pelo fato de se tratar de um poema "dramá-

▼ ▼ ▼ ▼ ▼

65. ANDRADE, Oswald de. *O Santeiro do mangue e outros poemas*. São Paulo: Globo, 1991.
66. A própria edição do poema já apresenta uma série de questões genéticas, pois apenas parte dele havia sido publicada...
67. Agradeço a Gênese Andrade pelo acesso e reveladores comentários sobre os manuscritos desse poema, que serão publicados pela Coleção Archivos na *Obra incompleta* de Oswald de Andrade, no prelo.

tico"). Veja-se como essa tensão perpassa o próprio poema publicado:

O mangue azul

A venda me exprora
O tira me exprora
A patroa da casa me xinga
Meu home
Midánimí[68]

Não sei quem é que vae entrá
Michê, pesteado ou navá
Só me resta a cachaça e o amô

Enquanto sou cara nova
As farda me procura
Os marinhero me atraca
E os paisano que eu gosto mais
Mas todos midá o fora
E meu home midánimí

Só me resta a cachaça e o amô

Faço apenas pra minha refeição
Não tenho ninguém na minha história
Por causo disso sou muié da vida

Meu home midánimí
Porque nossa desgraça é grande
O nosso amô é maió
Não sei quem é que vae entrá
Michê, pesteado ou navá

▼ ▼ ▼ ▼

68. "**Midánimí**: forma pleonástica da fala oral, aglutinada de 'me dá em mim', isto é, 'me bate'. Conota um sistema machista e patriarcal da sociedade brasileira, que se repete no mundo do baixo meretrício", segundo Renato Cordeiro Gomes em edição comentada do poema para a edição citada.

Só me resta a morte
Minha vida
Meu terno beje desbotado
Pancada cachaça e amô[69]

Essas hesitações entre o oral e o escrito, e entre o léxico popular e o erudito, saltam aos olhos nos manuscritos do conto "Sarapalha" de Guimarães Rosa, escritor que elevou a oralidade a elemento inseparável da forma narrativa, resgatando o próprio contar e as alegrias da fala. Isso não significa que o trabalho do escritor parta do oral para alcançar o escrito. Trata-se, sim, de uma rua de duas mãos, como mostra Sônia van Dijck de Lima. Às vezes, a escrita parte de um primeiro registro popular regional que pode ser modificado:

– Ei, Primo, <aí> [en]vem el[l]a...
– ['x' eu vêr...] Olha aqui
– [Uê,] [p]<P>ois então, de-carreira{,} essa conversaria atôa, só [prá amó-de] <por> não me deixar falar![70]

Mas também pode se tratar de uma oralidade conquistada, por exemplo, na substituição de reticências por interrogações e pontos finais, "num artesanato que procura moldar um ritmo, um jeito de falar":

– Será que chove, Primo? [...]
– Capaz. [...]

▼ ▼ ▼ ▼ ▼

69. Op. cit., pp. 26-7.
70. LIMA, Sônia van Dijck de. "Guimarães Rosa em demanda do texto". In: *Lusobrasilica: i protagonisti del racconto*. Roma: Bulzoni, v. 3, 2000, pp. 177-90, e que pode ser encontrado em www.soniavandijck.com/rosa_sarapalha.htm (em 23/03/05). Ver também *Guimarães Rosa. Escritura de Sagarana*. São Paulo: Navegar, 2003 (acompanha CD-ROM). A pesquisadora utilizou a seguinte convenção para transcrição dos documentos: "[ ] = rasura; < > = ocorrência nas entrelinhas; << >> = ocorrência marginal; { } alteração feita na linha".

- Ind'hoje? Será? [...]
- 'Manhã. [...]
- Chuva brava, de panca? [...]
- Às vez...
- Da banda de riba? [...]
- De trás. [...][71]

Por vezes, o caminho do erudito ao popular se deflagra:

O narrador tem uma atitude culta e especializada, deixando-se trair enquanto projeção do médico que conhece bem a maleita. Embora lhe tenha sido permitido falar em "anofelino" e em "dáfnias", é levado, em um movimento dialético, a superar-se e confirmar-se, a fim de melhor participar do universo das personagens. Assim, ao descrever os hábitos do mosquito transmissor da doença, prefere substituir o termo científico por um sintagma que traduz melhor a compreensão das vítimas:
"de dia: está dormindo, com a tromba repleta [de esporozoítos;] <de maldades;>"
O mesmo acontece quando explica os efeitos da contaminação no organismo:
"Mas ele tem no baço duas colméias de [hematozoários,] <de bichinhos maldosos,> que"[72]

Além dos inúmeros exemplos dessa tensão entre fala e escrita, como em Mário, Oswald e Guimarães Rosa, para citar apenas os três, pode-se vê-la também na música, por exemplo, em Villa-Lobos, que mistura melodias folclóricas a tratamentos harmônicos típicos de Debussy e construções rítmicas "stravinsquianas", o que precisa ser considerado na análise desses processos composicionais.

A confluência entre fala e escrita pode ser também reveladora da importância do diálogo epistolar – exemplo privile-

▼ ▼ ▼ ▼ ▼
71. Id., ibid.
72. Id., ibid.

giado dessa confluência –, como tão bem vem mostrando entre nós Marco Antonio de Moraes e outros pesquisadores dessa prática de escrita. A carta pode ser vista, assim, também no limite entre a comunicação diferida e a proximidade do interlocutor, entre o oral e o escrito.

Não são muitos os exemplos, além de bastante pontuais, pois ainda não dispomos de um número significativo de análises de manuscritos brasileiros. Mas é possível imaginar a complexidade que essa relação entre fala e escrita pode alcançar como materialidade própria e socialmente formada. Como já se disse sobre Guimarães Rosa, quatrocentos anos de cultura oral são um material assombroso para um romance e, acrescentamos, muito provavelmente deve apresentar características construtivas próprias: a história da poesia brasileira de Oswald a Cacaso, Waly Salomão e Francisco Alvim, que se valem da escrita quase como uma rasura no universo da fala, pode ser um bom indício.

Para Henri Meschonnic[73], contudo, a oralidade é mais do que o "oral". A questão da oralidade não se restringe apenas à imitação da pronúncia, ao uso de onomatopéias ou à produção de "efeito de fala" por meio do uso de gírias ou utilização de sinais de pontuação, entre outros recursos. Meschonnic afirma que não se pode ver a linguagem de maneira binária (fala/escrita); o que existe de fato é uma tri-participação: oralidade, fala e escrita.

A linguagem pode ser falada ou escrita, mas a oralidade é mais do que isso, é algo da ordem do contínuo, do ritmo. Ritmo lingüístico, cultural. O ritmo como organização do movimento, seja na fala ou na escrita. A oralidade é também

▼ ▼ ▼ ▼ ▼

73. *La rime et la vie*. Lagrasse: Verdier, 1990. Sobretudo os capítulos "L'Écriture, le rythme et le langage ordinaire" e "L'Oralité, poétique de la voix".

uma forma-sujeito, em que o sujeito poético da enunciação transforma e é transformado pelo discurso.

A voz entendida como ritmo – a oralidade nesse sentido expandido – não é redutível ao sonoro, ao fônico, à esfera "oral", mas ao engajamento do corpo na fala e na escrita. Esse ritmo da oralidade está ligado à gestualidade, seja implícita na escrita, seja nas incursões tipográficas de um Maiakóvski ou no ritmo dos espaços de Mallarmé[74]. Essa oralidade como organização do movimento, incorporando o gesto, faz com que Meschonnic chegue até a formular a necessidade de uma "poética dos manuscritos", que deixamos aqui como uma instigante sugestão para se pensar a crítica genética[75].

▼ ▼ ▼ ▼ ▼

[74]. Mallarmé não trata a página como um espaço absoluto ou neutro, mas como espaço relacional que organiza o movimento – lembremos que mesmo um soneto já possui organização espacial.
[75]. Veja-se como essa visão mais ampla da oralidade, chegando a uma poética dos manuscritos, pode render bons frutos se associada à visão performativa da linguagem, sobretudo quando pensamos no tópico da "produção escrita como forma", visto anteriormente.

CAPÍTULO 3

A CRÍTICA GENÉTICA COMO PRÁTICA

Na primeira parte deste livro, propusemos uma revisão da história da crítica genética e de seus principais conceitos. A partir dessa revisão, chegamos a uma nova proposta de análise, com base nas noções de descontinuidade, espaço de relações e práticas de escrita. Dedicamos a segunda parte do livro a discutir essas práticas. Agora, resta debruçar-nos sobre os manuscritos e entrar na própria prática da crítica genética. Em que momento os manuscritos se transformam em documentos? Como ter acesso a esses documentos? Como identificar as descontinuidades? Como o olhar do pesquisador cria os campos de relações? Como outros geneticistas têm começado a estudar essas práticas de escrita? Essas são algumas das perguntas que o leitor encontrará problematizadas aqui, mas não necessariamente respondidas.

1. Quando o manuscrito se transforma em documento

É preciso ter acesso aos manuscritos originais?

Essa pergunta pode ter várias respostas, de acordo com a origem dos pesquisadores. Segundo a definição de Almuth

Grésillon, a fundadora da crítica genética francesa, os manuscritos são absolutamente necessários. Para ela, o objeto da crítica genética é o movimento evocado pela materialidade dos documentos, o que nos impede de pensar em uma crítica sem manuscritos. É importante entender, de qualquer forma, que quando a autora usa a palavra "manuscritos", ela não se refere apenas aos autógrafos de um escritor, mas a todo tipo de documento que possa constituir uma etapa de composição de uma obra, tais como versões impressas de um romance, arquivos de computador, gravações fonográficas etc. Por isso, a crítica genética jamais terminaria com a massificação do uso do computador pelos escritores.

Philippe Willemart, no entanto, vê essa realidade de modo um pouco diferente. Em um artigo sobre um programa de reconhecimento vocal, ele vislumbra a perspectiva de os escritores não deixarem mais nenhum registro de seu processo de elaboração. Nesse caso, o que aconteceria com a crítica genética? Para ele, a disciplina deverá enfrentar, definitivamente, uma questão que já se apresenta nos dias de hoje: a possibilidade de pensar o processo de criação sem manuscritos.

> Que restaria então ao geneticista senão trabalhar sobre o texto editado e sobre os escritos paralelos: a correspondência, as várias edições, as resenhas das obras ou outros testemunhos que inevitavelmente apareceriam? Assim, o geneticista poderá se lançar na busca do processo de criação sem se preocupar com os manuscritos inexistentes nem remontar a uma origem determinada, mas a um começo de escritura.[1]

▼ ▼ ▼ ▼ ▼

1. WILLEMART, Philippe. "A crítica genética diante do programa de reconhecimento vocal". *Manuscrítica 12*. Revista de Crítica Genética. São Paulo: Annablume, 2004, p. 38

A busca de uma origem e a busca de uma escritura

Mais importante do que pensar nesses novos materiais que Willemart propõe é se deter na oposição que ele descreve entre a busca de uma origem e a busca de uma escritura. Por um lado, a crítica genética, concebida como a reconstrução das etapas pelas quais o autor passou, seria a busca de uma origem. Mesmo que suas conclusões sejam apenas hipóteses de um pesquisador, ela pretende tentar apontar o início do processo e seu desenvolvimento. A busca de uma escritura, por outro lado, apontaria simplesmente relações entre textos que pudessem dar conta de um movimento escritural. Quem já trabalha nessa direção não veria problema algum em enfrentar o desafio de não ter mais acesso a manuscritos:

> *Grosso modo*, os geneticistas dividem-se em dois grupos acerca do caminho a seguir em suas pesquisas. Alguns pretendem reconstituir o percurso genético do começo dos traços ao texto publicado e deverão recorrer, em nosso caso, aos escritos precedentes, à correspondência ou aos romances, às poesias, às peças de teatro, ou até mesmo às edições anteriores. Outros, partindo do texto publicado e pouco preocupados com uma cronologia que não corresponde à realidade da criação, subentendem que nossa mente trabalha como em um palco e não segundo o tempo do calendário, e se virarão mais facilmente na direção dos livros lidos, cadernos de trabalho ou anotações que serviram de base à escritura. Farão então pesquisas na biblioteca do escritor, se ela existe, ou em arquivos digitalizados em computador, CD ou disquete.[2]

O segundo tipo de estudos genéticos apontado por Willemart abre também as portas para a pesquisas sobre criação de obras fora do lugar onde se encontra o acervo do escritor. Se trabalharem com obras estrangeiras, por exemplo, os geneticistas deverão esperar até obter uma bolsa de doutorado (que per-

▼ ▼ ▼ ▼ ▼

2. Op. cit., pp. 38-9.

mita estágio no exterior) ou então financiar uma viagem com os próprios recursos para ter acesso aos manuscritos originais. Na prática, esse tempo de espera leva os pesquisadores a entrarem em contato com os problemas da gênese somente muito tarde, quando já estão na fase final de suas pesquisas. A proposta de Willemart permite que os geneticistas possam refletir sobre a criação desde a iniciação científica, a partir de textos anteriores, resenhas e publicações, acessíveis a partir de qualquer lugar do planeta.

É importante entender, no entanto, que os dois grupos de geneticistas baseiam suas pesquisas no trabalho de comparação. Em nenhum caso o pesquisador simplesmente especula sobre o processo de criação a partir da obra final. Ele deve ter acesso a pelo menos dois textos de etapas diferentes da criação, mesmo que esses textos não pertençam ao mesmo autor. Por exemplo, seria possível chegar a algum movimento de escritura a partir da comparação do texto final de um autor e do texto de outro autor que serviu como inspiração ou fonte da escritura. É o caso de um artigo do próprio Willemart sobre *O tempo redescoberto*, de Marcel Proust, no qual compara um trecho que faz referência à história de Zobeida, de *As mil e uma noites*, e o próprio episódio original da obra árabe[3]. Esse tipo de pesquisa também foi desenvolvido por Rosie Mehoudar, que, em sua dissertação de mestrado, compara *Os contos indianos*, de Mallarmé, aos contos indianos coletados por Mary Summer, que o poeta francês usa como fonte para sua escritura[4]. Embora essas pesquisas não traba-

▼ ▼ ▼ ▼ ▼

3. WILLEMART, Philippe. "Da forma aos processos de criação II. Proust e Petitot – Literatura e morfodinâmica". In: *Fronteiras da criação. Anais do VI Encontro de Pesquisadores do Manuscrito*. São Paulo: Annablume, 2000.
4. MEHOUDAR, Rosie. "Linguagem e subjetividade nos *Contos indianos* de Stéphane Mallarmé". Dissertação de mestrado defendida sob a orientação de João Alexandre Barbosa. Universidade de São Paulo, 1998 (inédita).

lhem com manuscritos, elas partem do estabelecimento de relações entre documentos de trabalho, o que definimos como o objeto das pesquisas genéticas.

Ao limitar o trabalho do geneticista à comparação de dois textos, por exemplo, não podemos ter a pretensão de reconstruir o processo de criação. Uma opção desse tipo implica a necessidade de criar um recorte dentro do processo. Assim, o objetivo do trabalho, nesse caso, não seria dar conta de todas as etapas da elaboração da obra, mas de um aspecto dessa elaboração ou, nas palavras de Willemart, de movimentos da escritura.

Essa proposta apresenta vários pontos em comum com nosso desenvolvimento teórico da primeira parte deste livro. O isolamento de "movimentos de escritura" a partir da comparação entre documentos pode ser também chamado de busca de espaços de relações.

Mesmo em casos em que dispomos de maior quantidade de documentos, incluindo os manuscritos originais, a opção pelo recorte ou por espaços de relações é válida para quem dá prioridade à discussão dos movimentos de escritura. Quanto maior for a quantidade de documentos utilizada, mais objetos deverão ser descritos e mais movimentos deverão ser interpretados, o que compromete a profundidade da reflexão. Desse modo, pode ser mais proveitoso observar um tema (por exemplo, uma personagem, um espaço, uma estrutura poética, determinado foco narrativo) em um extenso dossiê de documentos de um romance do que elaborar um trabalho sobre "a criação como um todo" desse romance.

2. Como ter acesso a esses documentos

Por mais restrito que seja o recorte escolhido, é sempre desejável ter acesso aos manuscritos da obra cuja criação queremos abordar. A diversidade de documentos permitirá delimitar com mais precisão o recorte e enriquecer a interpretação. Isso não significa que quanto maior a quantidade de documentos, melhor será o estudo. Cada pesquisador deve tentar encontrar um equilíbrio entre a diversidade e a profundidade almejadas. Devemos lembrar que hoje, mais do que nunca, as pesquisas não são infinitas, os prazos para entrega de trabalhos finais não são ilimitados, e as escolhas são necessárias se quisermos chegar a um ponto final.

Qualquer pesquisa de fôlego em crítica genética implica a necessidade de pelo menos conhecer os manuscritos abordados. Existem várias formas de ter acesso a esses documentos, que não se restringem apenas ao contato com o material autógrafo.

Manuscritos transcritos

Podemos dividir os manuscritos transcritos em dois casos opostos. Um deles está ligado à própria prática da pesquisa genética. Cada vez que um pesquisador aborda uma criação, transcreve pelo menos parte dos documentos que consultou, para que suas hipóteses e construções sejam apreciadas pelos leitores de seu trabalho. Mesmo se – por conta de problemas com direitos de autor – muitas vezes essas pesquisas demorem anos para serem publicadas, as teses e dissertações estão sempre disponíveis para consulta nas unidades onde foram produzidas.

O segundo caso está ligado a propósitos editoriais, ou seja, ao propósito de vender um produto: um texto. As edições de obras não terminadas em vida são um exemplo. Os editores resolvem transcrever um manuscrito para oferecer ao público um material inédito do autor falecido, como se este fosse realmente um texto, e não um manuscrito transcrito.

No primeiro caso, as transcrições podem servir como material de estudo genético, já que têm o objetivo de descrever de forma exaustiva as marcas do manuscrito, como as rasuras e os acréscimos, embora elas exijam do leitor o conhecimento de vários símbolos codicológicos. Como exemplo, podemos citar as transcrições de Flaubert feitas pela equipe de G. Bonaccorso, que podem servir perfeitamente de base para uma pesquisa em crítica genética. Por exemplo, no Brasil, as dissertações de mestrado de Conceição A. Bento e Verónica Galíndez Jorge foram feitas a partir da leitura apenas dessas transcrições.

Como podemos observar (ver figuras 11, 12 e 13), a publicação pretende dar conta de todos os traços do documento, porém a partir de um código de leitura próprio. Dificilmente, a partir desse código, podemos formar uma idéia da disposição original do texto no fólio. Apenas temos uma visão de como a equipe de Bonnacorso viu esse fólio.

No segundo caso, as transcrições podem servir de referência para uma pesquisa, mas dificilmente de base. Algumas edições de obras completas na França (por exemplo, as da coleção La Pléiade) têm optado por incluir, nas últimas décadas, notas e versões anteriores dos textos publicados. Essas inclusões dariam um valor diferenciado à publicação, muito mais cara do que as edições de bolso francesas[5]. Porém, seu objetivo restringe-se a aumentar o texto, e não necessariamente reproduzir com exatidão as marcas de leitura do escritor, como as rasuras. Além disso, essas edições raras vezes preocupam-se em transcrever de modo integral versões anteriores: alguns fólios dão conta de seu objetivo de complementar a obra original.

No caso dos livros inacabados em vida pelo autor e publicados posteriormente, deve-se desconfiar ainda mais da re-

▼ ▼ ▼ ▼ ▼

---

5. Ainda que as edições de bolso, nos últimos anos, também tenham optado por incluir notas iniciais e documentos complementares para se diferenciar umas das outras.

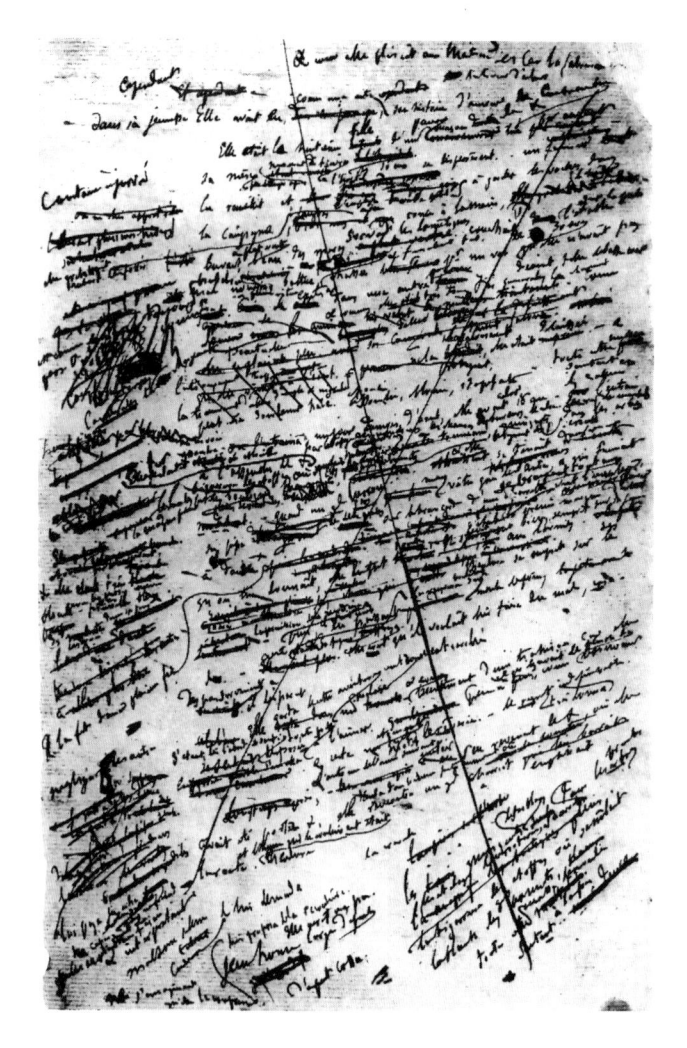

Figura 11. Um rascunho de *Um coração simples*, de Gustave Flaubert. Tal como Zola, Flaubert escrevia em espaços de criação determinados, que ele mesmo chamava de "planos", "roteiros" e "rascunhos". No entanto, jamais poderíamos dizer que ele acreditava que a escrita correspondesse a uma pesquisa científica, com hipóteses a serem desenvolvidas e comprovadas. O trabalho de criação, como podemos ver claramente, dava-se na reelaboração – e na saturação – de cada uma de suas frases. Por isso, Flaubert é conhecido como homem-pena, que existia no próprio ato de escrever.

UN CŒUR SIMPLE   49

‹Théodore dégoûté des autres à allure plus libre›	⌊un g^d bonheur›, elle en fut ‹touchée ⌈émue› ⌈touchée. ‹il s'en› ⌈Il ‹s'en aperçut› ⌈le vit ⌈bien, ⌊aux larmes se méprit sur sa cause⁴ ⌊‹cela fit ‖ croire à Théodore des choses qui n'exist ⌈rougit à
Il la fit danser plusieurs fois	ses compliments ⌈ne répondit pas ⌈à ses complimts.› Théodore se méprit sur le ⌈ses ‖ ‹sentiment ⌈intentions› – ⌈la permission de la reconduire ⌈il était nuit puis en passant ‹près d'une› ⌈sur meule de foin ⌈la renversa ⌈brutalemt; ‹la jeta sur le ‖ dos. – Elle eut peur. ⌈aut ⌈tant› sa figure ‹l'effraya› elle crut qu'il voulait lui
négligea les autres	faire du mal, cria ‖ ‹On vint.› ⌈des pas survinrent a il disparut ‹cela l'av› Elle ‹resta dans› ⌈garda ⌈de cette aventure un
‹sa^a personne ne la quitta plus d'une la garda toute la ⌈*nuit fumait la pipe *seule debout [ill.] dans les autres sauter dans les quadrilles ⌈les valses› lui paya du cidre ‹doux› du café ⌈de la galette même un foulard elle les acceptait ⌈tout cela sans façon …	‹trouble› ⌈malaise ⌈un trouble extraordin[aire] ⌈a comme le sentiment d'une trahison car elle ‖ ‹se sentait› ⌈s'était, dès l'abord sentie disposée ⌈toute prête à l'aimer, ‹ça diminue› p/Peu à peu, ⌈ce qu'il y avait de pénible dans comme le souvenir ‖ ‹d'un cauchemar ⌈la partie pénible s'en alla.› α resta un ⌈étonnemt sujet ⌊motif de rêverie. – De regret ⌊très doux α indéfinissable ‹Longtemps après, – deux ans après› ⌈L'automne de l'année suivante, ⌈un soir en s'en revenant de x, où elle ‖ avait été porter x, elle rencontra ⌈tomba dans le chem[in] juste au momt où un g^d charriot ⌈‹avec des sonnettes qui lui barrait› ⌊emplissait ‖ la route, ⌈et l'homme qui le conduisait était Théodore
α interprétant mal son silence ‹calme› calme ‹ne› s'imaginant qu'elle le comprenait	⌈il lui demanda lui proposa de la reconduire. ⌊Elle ne refuse pas. jeune homme large d'épaules ‖ ‹*gauche [ill.]› ‖ d'aspect cossu. la crécelle ‹lampions sur l'arbre› les ‹trois› quinquets ⌈de fer-blanc ‹susp› ⌊accrochés dans les arbres branches⁴ ‖ la ‹magnif des boutiques pleines› ⌈les étalages de verroterie ‖ la bigarrure des étoffes, où se mêlait ‖ la blanch[eur] des ⌈g^ds bonnets, ‹blancs› ‖ toute cette ‹multitude› ⌈masse de monde sautant ⌈à la fois ‹en cadence›

1 Texte barré d'une croix en sautoir.
2 Nom et préposition commencent au niveau de la ligne précédente et se terminent en son interligne.
3 Le 1 et le 2 surmontent ce verbe et *servait*.
4 L'onglet cache la fin du mot.
5 La conjonction est au niveau de la ligne.
6 Une déchirure a emporté le mot.

Figura 12. Transcrição linear desse rascunho pela equipe de Giovanni Bonaccorso. Os pesquisadores encarregados da transcrição procuraram dar unidade de texto a um documento que se caracteriza pela destruição constante dos elementos textuais, como a linha, o parágrafo, o sentido da leitura, o corpo da escrita. Por isso, a transcrição em nada se parece com o fólio original. Abordamos esse tipo de transcrição mais adiante neste livro, ao nos referirmos às operações de leitura do manuscrito.

SIGNES EMPLOYÉS
DANS LA TRANSCRIPTION

italique : variantes interlinéaires

↑	variantes en interligne supérieur, 1ère campagne
↑	variantes en interligne supérieur, 2ème campagne
↑	variantes en interligne supérieur, 3ème campagne
↑	variantes en interligne supérieur, 4ème campagne
↓	variantes en interligne inférieur, 1ère campagne
↓	variantes en interligne inférieur, 2ème campagne
↓	variantes en interligne inférieur, 3ème campagne
←	ce qui précède le cran est en marge
→	ce qui suit le cran déborde de la marge
<...>	ratures
l/sa	surcharge
[...]	reconstitution, entière ou partielle, d'un mot
[...]	crochets remplaçant ceux de Flaubert
*	lecture conjecturale
‖	fin de ligne

GIOVANNI BONACCORSO ET COLLABORATEURS
CORPUS FLAUBERTIANUM
.I.
UN CŒUR SIMPLE

SOCIÉTÉ D'ÉDITION «LES BELLES LETTRES»
95, Boulevard Raspail · 75006 PARIS

Figura 13. Código de transcrição da equipe de Bonaccorso. Para ler essa transcrição, torna-se necessário sempre ter à mão seus códigos, que podem se depreender do volume. É interessante notar que os códigos não se referem somente à disposição espacial do texto, mas carregam também certa reconstrução da cronologia de escritura. As inscrições "1ère campagne", "2ème campagne" etc. referem-se a momentos diferentes de elaboração do texto.

produção dos manuscritos, já que o editor tentará dar aos documentos uma aparência de texto final, como nos casos dos livros "*53 jours*", de Georges Perec, e *O grande magnata*, de F. S. Fitzgerald. Para isso, não só tentará eliminar as marcas de rasuras, mas manipulará os documentos para que eles pareçam uma continuação daquilo que já foi escrito[6]. O editor, em geral, considera que o leitor não gosta de decepções e evitará, assim, que ele seja exposto a um processo tão angustiante e incerto quanto a criação.

Manuscritos fac-similados e digitalizados

Embora sejam dois tipos de reprodução diferentes, apresentam conseqüências semelhantes para o leitor-pesquisador, por isso resolvemos abordá-las em um mesmo segmento.

O fac-símile pode ser descrito simplesmente como a "foto" de um manuscrito plasmada em um filme e logo reproduzida, ou não, em papel. A forma mais difundida de manuscritos fac-similares é o microfilme. Em geral, a consulta de microfilmes é feita na biblioteca em que se encontram os manuscritos originais de determinada obra, como forma de proteger o documento de um manuseio excessivo. Esses microfilmes são reproduzíveis e, portanto, outra biblioteca ou grupo de pesquisa pode pedir uma cópia desse material. É o que acontece, por exemplo, no Laboratório do Manuscrito Literário, da USP, que conta com microfilmes de manuscritos de Proust e Flaubert, os quais obviamente se encontram na França.

Apesar de barata e cômoda, a reprodução de manuscritos por meio de microfilmes apresenta uma precisão limitada.

▼ ▼ ▼ ▼ ▼

6. Em relação ao livro de Perec, o livro *A ficção da escrita* mostra como a publicação tentou impor um final ao livro que estaria nos manuscritos, mas que não seria provavelmente o escolhido pelo autor, entre outras falhas.

A partir de sua leitura, não é possível distinguir, por exemplo, a diferença entre os suportes e as tintas utilizadas. Todos os documentos parecem ter a mesma dimensão (a dimensão-padrão da foto ampliada) e as mesmas cores (as fotos costumam ser em preto-e-branco).

Quando se opta por reproduzir esses manuscritos em papel, o resultado tende a ser mais fiel ao manuscrito original, o que acontece com certas publicações de fac-símiles. Essa opção tem custo muito alto e pouca possibilidade de compensação com as vendas, já que as obras nas quais se reproduzem manuscritos costumam ter o preço de um livro de arte e não geram o mesmo interesse. Para chegar às livrarias, em geral contam com a ajuda do Estado e têm circulação limitada. Mas, quando isso acontece, podem ser de grande ajuda para o pesquisador, já que muitas vezes os documentos são reproduzidos em tamanho real (ou em uma escala próxima) e com as mesmas cores do original. É o caso das Editoras Zulma/CNRS, da França, que até agora publicaram, com muita fidelidade, os manuscritos de *Plans et scénarios de Madame Bovary* de Flaubert, *Les infortunes de la vertu* do Marquês de Sade, os cadernos de anotações de Louis Pasteur e o *Cahier des charges de "La vie mode d'emploi"* de Georges Perec (ver figura 14), entre outros. Esses livros podem perfeitamente

Figura 14. Os cadernos de *La vie mode d'emploi* [A vida modo de usar], de ▶ Georges Perec. O escritor elaborou uma lista de categorias narrativas (atividades cotidianas, autores citados, quantidade de personagens, profissão etc.) que entrariam em cada um dos noventa e nove capítulos do livro. Depois, a partir de um sistema inspirado no jogo de xadrez, determinou quais elementos de cada categoria entrariam em cada capítulo. Nesse fólio, podemos observar a lista de quarenta e dois elementos a serem utilizados no capítulo 89 (de cima para baixo: "Entrar, Se servir de um plano, Butor, Calvino, 5 pessoas, Operário..."). Mais do que "inserir" esses elementos na narrativa, Perec distorce-os até ficarem irreconhecíveis. O prazer da escrita consiste em afastar-se do plano inicial. Assim, por exemplo, a atividade "entrar" é logo transformada em "Come in", em inglês, e aparece no texto final como o sobrenome de uma personagem: "Louis Commine".

Moreau
90 ch 89
dictionnaire
poursuivre une chimère
cork
Moyen Âge
hennin
flamme
jeune enfant
(→ 10 ans)
Napperon
les Ambassadeurs
F : eau minérale
l'âme d'enfance
La vieille femme relisant
les biographies de ces cinq nièces
Normes AFNOR pour les matériels utilisés en horlogerie et joaillerie
Augst ?
Cendres et incendies

servir de material para uma pesquisa genética, sem exigir o deslocamento do pesquisador para sua biblioteca de origem. No Brasil, por enquanto, não existem reproduções integrais de manuscritos, o que se deve exatamente às dificuldades de publicação. Porém, a Coleção Archivos, cujo objetivo é realizar edições críticas (e não necessariamente disponibilizar manuscritos fac-similados), tem dado importantes passos na divulgação de alguns manuscritos, como as anotações de Mário de Andrade relativas a *Macunaíma* e os poucos fólios de versões anteriores de contos de Clarice Lispector, entre outros.

Os mesmos resultados podem ser obtidos a partir da reprodução digital de manuscritos, embora haja uma diferença técnica em relação ao fac-símile. Ela implica a transformação da "foto" do manuscrito em um arquivo de computador. Assim, as imagens podem ser armazenadas em CD-ROM (com programas especiais para sua visualização) ou estar simplesmente disponíveis na Internet. Esperamos que naturalmente os microfilmes sejam substituídos por imagens digitais, porém essa substituição não tem acontecido com a velocidade desejável. Até hoje, na França, não foi lançado no mercado nenhum CD-ROM com manuscritos integrais, embora existam vários projetos em curso. Entre eles, sem dúvida, o mais avançado é a digitalização dos manuscritos de James Joyce, levada a cabo pela equipe Joyce do ITEM. Na América Latina, avançamos mais em relação à publicação digital de manuscritos: há pelo menos um CD-ROM com documentos de processo digitalizados, desenvolvido pela Coleção multinacional Archivos (os manuscritos de *O beijo da mulher aranha*, de Manuel Puig).

Provavelmente, antes da esperada publicação de CD-ROMs, a Internet se transformará no meio mais adequado para a difusão de manuscritos digitais. De fato, isso já acontece: há dois sites que não só são exemplares na reprodução dos documentos, mas também na forma de visualização: o *Hypernietzsche*, que disponibiliza todos os manuscritos do filósofo, além de artigos críticos e a obra publicada (e permite relações entre os documentos), e um site dedicado aos manuscritos de *L'éducation sentimentale*, de Flaubert, que mostra paralelamente os fólios digitalizados e sua transcrição.

Na Internet, também é possível consultar alguns documentos dispersos, que podem servir de ilustração, mas não de base para pesquisa, como os manuscritos que se encontram no site da Biblioteca Nacional da França. Para quem jamais viu os manuscritos de Sartre, por exemplo, os poucos fólios reproduzidos nesse site podem servir de referência inicial, mas não como material de estudo.

Com a facilidade de reprodução de imagens digitais que existe hoje, supomos que os donos de direitos autorais e os responsáveis por acervos têm se sentido inibidos em iniciar grandes projetos de reprodução digital. Se esses acervos forem consultados de qualquer lugar do mundo, perde-se o controle sobre a divulgação de seu conteúdo, e também a exclusividade de acesso aos documentos, o que pode minar o poder de certos grupos de pesquisa.

Vale destacar, como iniciativa completamente contrária a essa tendência, o esforço de divulgação digital do arquivo Mário de Andrade, do Instituto de Estudos Brasileiros. O projeto, dirigido pela equipe de Telê Ancona Lopez, contempla várias frentes de trabalho. Em uma delas, técnicos se ocupam da digitalização dos documentos em alta definição. Em outra, alunos de iniciação e pós-graduação trabalham na transcrição desses documentos, na pesquisa de suas referências e na descrição do suporte. Finalmente, os bibliotecários do IEB disponibilizam essas informações de duas formas diferentes. No próprio instituto, é possível ter acesso às reproduções dos documentos, suas transcrições, suas notas e à descrição do material. A partir do site do IEB, um pesquisador de qualquer outro lugar do mundo pode ter acesso à descrição dos documentos e encomendar (serviço pago entre bibliotecas) uma cópia de todo o material digitalizado. Paralelamente, os alunos que realizam essa descrição desenvolvem também pesquisas de cunho crítico sobre os manuscritos do arquivo, que, à medida que forem defendidas, também serão publicadas. Dessa forma, em alguns anos, boa parte do material digitalizado estará disponível em formato de publicações.

Manuscritos originais

Se o pesquisador deseja trabalhar com manuscritos que ainda não foram reproduzidos (a maioria), ou se as reproduções não são suficientes para definir com precisão movimentos de escritura, é necessário procurar os documentos originais. Muitas vezes, essa tarefa ocupa a maior parte do tempo de uma pesquisa genética e está longe de constituir uma etapa apenas burocrática.

Se procurarmos os manuscritos de autores que fazem parte de um certo "cânone" literário, é bem provável que já tenham sido adquiridos por alguma biblioteca ou instituição de pesquisa. Porém, não é tão simples descobrir que instituição é essa. Devemos sempre iniciar nossas buscas pela biblioteca ou universidade da cidade de origem do escritor cujos manuscritos queremos consultar. Em geral, essas cidades consideram seus escritores um patrimônio que pode gerar, direta ou indiretamente, recursos e não medirão esforços em canalizar esses recursos para sua administração. Essa política é clara no caso da Europa, porém não é muito seguida em países da América Latina. Aqui, por diversos motivos (regiões muito pobres, falta de pesquisadores, infra-estrutura deficiente de bibliotecas, pouca valorização do patrimônio escrito, entre outros), os municípios de origem dos escritores não podem servir de referência para a pesquisa de documentos.

Nesse caso, é necessário procurar as grandes bibliotecas de documentos no país. No Brasil, há dois grandes acervos de manuscritos modernos: o Instituto de Estudos Brasileiros da USP e a Fundação Casa de Rui Barbosa, no Rio de Janeiro. Os dois arquivos concentram os trabalhos de autores do século XX, como Mário de Andrade, Guimarães Rosa, Graciliano Ramos (IEB), Clarice Lispector (ver figura 15), Vinícius de Moraes, Carlos Drummond de Andrade e Manuel Bandeira (Casa de Rui Barbosa). Em certos casos, alguns centros regionais também concentram o acervo de parte de seus escritores, como o Centro de Documentação Alexandre Eulálio (CEDAE), da Unicamp (que dispõe dos manuscritos de Hilda Hilst e Oswald de Andrade, por exemplo), a Casa de Jorge Amado, em Salvador, e o Instituto Érico Veríssimo, em Porto Alegre, para citar alguns exemplos.

Esses manuscritos raras vezes chegam aos centros de pesquisa a partir de doações de uma família consciente da necessidade de preservar esse patrimônio. As vendas de manuscritos, atualmente, podem gerar mais dinheiro do que os lucros por direito autoral. Muitas vezes, instituições de países desenvolvidos podem fechar negócios bem mais lucrativos com os herdeiros que os centros de países da América Latina. Por essa razão, muitos documentos importantes para nossos países foram adquiridos por bibliotecas estrangeiras, como os manuscritos de Jorge Luís Borges, que se encontram na Universidade de Virgínia, e os de Julio Cortázar, que estão na Universidade do Texas, em Austin.

Mesmo se os manuscritos forem conservados em uma biblioteca, eles não têm o status de um livro, seu acesso não é público. É necessário obter uma autorização especial para a consulta, que em geral deveria ser direito de todo pesqui-

f.10

XIII ela aceitara este segundo porque ~~tal~~ ele lhe dava grande prestígio. Venderamse às colunas sociais? Sim. Descrevê isso agora, pois ~~estas~~ foi ~~uma autora ambiciosa~~ veladamente e sem muita ~~conversa~~ ~~a fim apenas~~ ~~um autor~~ que ~~fosse~~ ~~longe estrangeira~~ ~~nos quer~~ De repente perguntou ao mendigo:

— O senhor fala inglês?

O homem ~~~~

sabia o que ela lhe perguntava mas, obrigado a responder pois a mulher ~~~~ já comprara-o com muito tanto dinheiro, ~~seu~~ pela evasiva:

— Falo. Sim, pois não estou falando agora mesmo com a senhora? Por que? O senhor é surdo? Então ele ~~entende~~ está ~~~~
gritar FALO! O ~~~~
O senhor ~~~~

sador ligado a uma instituição de pesquisa. Muitas vezes, no entanto, o prestígio de nossas instituições não é evidente para os responsáveis pelos arquivos manuscritos no exterior. Por essa razão, é muito importante procurar estabelecer uma rede de contatos antes de pedir diretamente aos responsáveis o acesso aos documentos. Muito da pesquisa em crítica genética compõe-se de manobras políticas.

Isso se torna claro quando queremos lidar com obras de escritores vivos ou há pouco tempo falecidos. Dificilmente o autor consentirá em ceder seus manuscritos para alguma pesquisa. Para ele, esses documentos têm um status privado: afinal, por alguma razão ele optou por publicar alguns manuscritos e não outros. Convencê-lo só será possível a partir do estabelecimento de uma estreita relação de confiança com o pesquisador, quase uma amizade, já que ele deverá, em algum momento, decidir mostrar ao pesquisador aquilo que não deixa mais ninguém ver.

Com o herdeiro recente, a situação é bastante diferente. Para ele, os manuscritos não têm necessariamente um status privado, já que ele não é o autor, e seu objetivo será tirar proveito desse material (dessa forma surgem as publicações póstumas). Porém, ele terá outras preocupações, como a proteção

◀ **Figura 15.** Um fólio do conto "A bela e a fera ou a ferida grande demais", de Clarice Lispector, do acervo da Fundação Casa de Rui Barbosa. Segundo Benedito Nunes, Clarice escreveria por "surtos" de inspiração, que produziriam uma redação muito semelhante ao texto final. Depois ela destruiria seus manuscritos: "livro pronto, livro morto", como teria dito em uma entrevista no Museu da Imagem e do Som (MIS). Neste que é um de seus únicos manuscritos preservados, no entanto, é possível perceber alguns movimentos de escritura. Por exemplo, há uma mudança de tempos verbais: lê-se (quinta linha): "Sim. Descobria /u isso agora, pois antes fora/ era uma autônoma ambiciosa veladamente e sem muita consciência." As substituições de "descobriu" por "descobria" e de "era" por "fora" mostram um movimento de valorização da revelação presente em relação ao passado. O imperfeito prolonga o momento atual, o mais-que-perfeito congela o que a personagem fizera antes. Esse momento único na vida da personagem, de revelação e parada no tempo, é recorrente em toda a obra da escritora.

da imagem pública do autor (que pode sofrer deterioração a partir de anotações privadas dos manuscritos) e a preservação de certo suspense em relação ao material inédito, que poderá vir a ser publicado mais tarde. Em geral, as negociações com herdeiros costumam ser mais complicadas que aquelas com os próprios autores.

O que fazer se o pesquisador deseja trabalhar com manuscritos que jamais foram reproduzidos, que não se encontram nem nas grandes bibliotecas do país, nem em instituições estrangeiras, nem com os herdeiros, que, enfim, estão perdidos? No Brasil, é o que ocorre, por exemplo, com os manuscritos do mais importante escritor do país, Machado de Assis. Nesse caso, será preciso assumir o papel de detetive e tentar descobrir, por exemplo, as práticas de escrita no país naquele momento (Os escritores guardavam seus manuscritos?), o que se sabe sobre a criação do escritor a partir de relatos de terceiros (Ele dava seus manuscritos finais a um copista ou entregava um exemplar de seu próprio punho à editora? Ele corrigia as provas de seus livros?), o que se sabe sobre a relação sentimental do escritor com documentos escritos (Ele guardava as cartas dos amigos, presenteava poemas? É possível que tenha presenteado seus manuscritos originais?). Dessa forma, o pesquisador pode descobrir folhas manuscritas com os amigos do escritor (ou de seus descendentes), nas gavetas de alguma editora ou, em segredo, na casa de algum colecionador. Provavelmente, assim, seu trabalho consistirá também em recompor os dossiês originais, que podem se encontrar dispersos às vezes em vários lugares do mundo.

3. Estabelecimento de um recorte

Se nosso objetivo não é somente "dar a ver" os manuscritos, mas também elaborar uma leitura particular desse material, torna-se necessário, tal como na crítica literária, pensar em um recorte, que chamamos anteriormente de "espaço de relações". Em geral, tem-se associado "recorte" a "linha teórica", como a psicanálise, a semiótica, a narratologia ou a lingüística. É, por exemplo, o que defende Cecília Almeida Salles: "A intenção do crítico genético de melhor compreender o ato criador está inevitavelmente ligada a uma teoria que dê ao pesquisador um respaldo analítico e que o auxilie na tarefa de disciplinar sua observação."[7]

Porém, defendemos uma posição diferente: o recorte de observação não deve estar ligado necessariamente à escolha de uma teoria. Em primeiro lugar, porque, ao escolher de antemão uma teoria, estaríamos desvalorizando nosso objeto (as relações encontradas no manuscrito). É esse objeto que deve nos guiar em direção a uma escolha teórica, e dificilmente guiará a apenas uma escolha. Talvez seja esse o interesse "científico" do estudo da literatura e das artes: esses objetos levam a articulações teóricas inusitadas, jamais pensadas dentro de seu campo de origem.

Em segundo lugar, porque a escolha de uma teoria é ainda um recorte muito amplo. Tentemos entender um pouco mais a amplitude das pesquisas em crítica genética. Como já vimos, a reconstituição de um processo de criação é sempre uma tarefa utópica. Temos apenas alguns rastros de um caminho que deve ter sido muito mais complexo do que nossas elaboradas hipóteses podem vislumbrar. Assim, reconstituir o processo não só é uma tarefa infinita, como também impossível. A articulação com uma corrente teórica específica em nada mudará essa realidade, somente ampliará ainda mais nosso campo de observação, já que estenderá aquele processo

▼ ▼ ▼ ▼ ▼

7. SALLES, Cecília Almeida. *Crítica genética: uma (nova) introdução*, cit., p. 72.

infinito para outras áreas do conhecimento (funcionamento da mente, funcionamento de todos os processos criativos, funcionamento de todas as narrativas etc.).

A única forma de produzir um recorte nesse campo que dê conta do objeto é isolar alguns movimentos de escritura dentro de nosso dossiê. Esses movimentos serão selecionados não pela importância que tiveram para o escritor dentro de sua busca, mas pela importância que têm para o pesquisador dentro de sua própria busca. Nesse ponto, é possível que alguém diga: mas o objeto não deveria ter prioridade? Se a escolha do recorte se der pela própria busca do pesquisador, não estaremos aplicando um olhar externo ao objeto?

Mas quem disse que os manuscritos existem sem o olhar de seu leitor? Há quem diga que estética da recepção e crítica genética são irmãs inimigas[8]. No entanto, o postulado inicial de Iser para o texto literário se aplica também aos manuscritos: "O texto, como coisa, não é jamais dado como tal, mas sempre segundo o modo determinado do sistema de referência que foi escolhido para a sua interpretação."[9] Assim, os manuscritos não são uma coisa independente da forma como os olhamos; eles adquirem seus contornos sob nosso olhar, movem-se sob nosso olhar, e não fora dele.

Não é simples determinar ao certo o que vem antes: esse olhar ou esse objeto. Há sempre quem diga que seu olhar foi criado pelo objeto. Não é a ordem em si o que interessa, mas saber que o recorte é dado a partir do processo de leitura, ou seja, da relação entre pesquisador e manuscritos. Antes de ter algum contato com esse material (mesmo que seja a par-

▼ ▼ ▼ ▼ ▼

8. Referência ao artigo de JAUSS, H. R. "Production et réception: le mythe des frères ennemis". In: HAY, Louis (org.). *La naissance du texte*. Paris: J. Corti, 1989.
9. ISER, Wolfgang. *L'acte de lecture: théorie de l'effet esthétique*. Bruxelas: P. Mardaga, 1976, p. 275. Tradução dos autores.

tir dos escritos de outros, ou a partir de esparsos documentos transcritos) é difícil pensar em um recorte de análise. Por isso, o recorte deve se referir especificamente a essa realidade da criação. Mesmo se, no início da pesquisa, o objetivo seja observar um tema da obra publicada nos manuscritos, um estudo genético sempre deverá levar a adaptar o recorte original ao novo material.

Os recortes impostos aos manuscritos são de ordens diversas, e jamais poderemos ser exaustivos aqui em relação a todos que existem ou podem chegar a existir. Vamos nos deter em apenas três tipos, como exemplo didático. Esses tipos nunca se dão de forma pura; estão todos em constante diálogo e, conseqüentemente, mudando.

Tema

A palavra tema é normalmente associada ao âmbito hipotético do "conteúdo". Porém, estudar um tema ou motivo em literatura vai além das representações e se concentra também na estrutura da narrativa e no uso da linguagem. Esse é o ponto de vista de Jean Starobinski, um dos mais importantes expoentes da crítica temática. Para ele, a palavra "tema" pode ser considerada uma tentativa de definição objetiva da sedução exercida por uma obra, em todos os seus aspectos:

> Esses signos me seduziram, eles são portadores do sentido que se realizou em mim: longe de recusar essa sedução, longe de esquecer a revelação primeira do sentido, eu tento compreendê-los, "tematizá-los" no meu pensamento e eu só posso fazê-lo com certa chance de sucesso se ligar estreitamente o sentido ao substrato verbal, a sedução à sua base formal.[10]

▾ ▾ ▾ ▾ ▾

10. STAROBINSKI, Jean. *L'oeil vivant II*. Paris: Gallimard, 1970, p. 17. Tradução dos autores.

Tomemos, por exemplo, um estudo clássico de exploração temática: a análise de Rousseau feita pelo próprio Starobinski. Ele defende que os textos do filósofo-escritor o teriam seduzido porque propõem um mundo mais vasto que o nosso, onde tudo parece mais próximo, onde a infelicidade da *distância* das coisas se atenua. Essa sensação abstrata pode ser definida de forma mais objetiva a partir do tema da transparência, que seria desenvolvido explicitamente nos discursos filosóficos, e apareceria também nas paisagens descritas (céu azul, lago), nas roupas (véus), nas relações sempre sinceras entre as personagens, no estilo direto da narrativa. A análise de Starobinski tentará então compreender mais acerca dessa sedução a partir do acompanhamento da transparência nos vários níveis da obra de Rousseau[11].

Em crítica genética, um recorte temático deve então procurar definir a sedução produzida pela leitura das tensões do manuscrito e da obra. Na sua tese de doutorado, Verónica Galíndez Jorge coloca-se literalmente nessa posição, já que ela propõe resgatar o prazer da leitura dos manuscritos de Flaubert a partir do tema da alucinação.

A pesquisadora observa que as alucinações das personagens são descritas nos romances de forma semelhante: de repente, motivadas por um acontecimento particular, elas veriam uma explosão de imagens fantasiosas, que levaria à revelação de uma verdade. Em *Madame Bovary*, por exemplo, uma alucinação com essa estrutura ocorre quando Emma, desesperada com a quantidade de dívidas que deve pagar, decide pedir dinheiro a seu primeiro amante, Rodolphe, que nega o empréstimo. Em seguida, Emma vê uma série de discos de fogo com o rosto do amante e decide, em silêncio, se matar.

▼ ▼ ▼ ▼ ▼

11. STAROBINSKI, Jean. *A transparência e o obstáculo*. Trad. Maria Lúcia Machado. São Paulo: Companhia das Letras, 1991.

A mudança de tempo e espaço produzida pela alucinação, aliada à saturação de imagens, levaria a personagem, ao voltar à realidade, a ter consciência da precariedade de sua situação. Por isso, ela optaria pelo suicídio.

Ao observar os manuscritos, Galíndez Jorge percebe que essa mesma estrutura alucinatória guia a odisséia da escritura flaubertiana. Ao escrever, Flaubert define espaços escriturais que usará: primeiro os planos, nos quais determina a narrativa; depois os roteiros, nos quais divide-a por cenas; e depois, por fim, os rascunhos, nos quais entra na redação propriamente dita. Tudo parece planificado, porém a odisséia da escritura consiste exatamente em se perder nesses espaços e se tornar algo totalmente diferente do que era quando saiu de sua Ítaca natal. Tal como a personagem, a escritura também "alucina": ela sai de seu espaço-tempo, experimenta uma saturação de imagens; na volta, encontra a revelação de uma verdade (em geral marcada por uma rasura). Flaubert transita entre seus diversos espaços, reescreve até dez vezes a mesma frase, busca, como se fosse possível, a palavra justa, e, nessa vertigem, percebe que as palavras nunca serão suficientes, que o narrador deve optar pelo silêncio, abster-se de explicar, caracterizar e interpretar os fatos que descreve. Esse é o caminho que seguirá a escritura:

> O posicionamento do narrador, que paira ao invés de irromper, torna-se muito mais sutil, apontado apenas por *car, c'est-à-dire* ou *ne ... que*, dando ao leitor idéia de um desenvolvimento que se sustenta por si só, sem necessidade de uma focalização que obrigue o narrador a operar uma quebra temporal para assumir a primeira pessoa mais explicativa, procedimento que acaba configurando, *a posteriori*, o discurso indireto livre, no qual o narrador consegue, por meio de momentos descritivos, se misturar ao personagem.[12]

▼ ▼ ▼ ▼ ▼

12. JORGE, Verónica Galíndez. *Como as mil peças de um jogo de escritura nos manuscritos de Flaubert*, cit., p. 127.

A pesquisadora não se satisfaz apenas em apontar essa semelhança entre estruturas da alucinação das personagens e da escritura. Seu estudo interessa-nos em especial porque ela procura as condições de enunciabilidade desse tema que se repete. Para isso, recorre aos discursos médicos da época e a textos que trabalham a recepção de imagens no século XIX, para chegar à conclusão de que a alucinação como tema marca um momento de questionamento da representação, ou de "tradução" para a linguagem de elementos da realidade (princípio do realismo). Para os escritores do final do século XIX, assim como para os novos pensadores do sistema psíquico, como Freud, não é possível acreditar mais nos discursos das pacientes ou dos narradores. É necessário desconfiar deles, e entendê-los como construções. Dessa forma, a partir do recorte temático, a autora procura um movimento crítico, não do processo, mas ao processo, nesse caso definido como o processo de representação.

Movimentos escriturais

De alguma forma, todos os estudos genéticos centram-se em movimentos escriturais, se entendermos movimento como apontamento de uma diferença ou tensão entre dois documentos relativos a um mesmo trecho de uma narrativa ou de um poema. No caso descrito anteriormente, por exemplo, a pesquisadora percebe que há documentos nos quais o narrador está mais presente, interpreta, "etiqueta" os acontecimentos, e outros em que ele se faz cada vez mais ausente. Esse movimento é descrito e explicado a partir do tema da alucinação.

Existem casos, no entanto, em que o tema é o próprio movimento, por exemplo, quando não há uma questão relativa à obra final configurada antes do acesso aos documentos que sirva como "filtro" para o foco do pesquisador (o que é sempre relativo: o pesquisador pode ter uma idéia configurada e simplesmente não a ter nomeado). Vemos isso acontecer com freqüência quando equipes são reunidas para organizar ou discutir determinado dossiê.

O exemplo escolhido para ilustrar esse tipo de recorte faz parte, ao mesmo tempo, de um trabalho em equipe e da busca pessoal de um pesquisador. Trata-se do estudo sobre o romance autobiográfico *As palavras*, de Jean-Paul Sartre, desenvolvido pelo teórico da autobiografia Philippe Lejeune, dentro dos seminários da Equipe Sartre do ITEM[13].

Lejeune centrou seu recorte na mudança da ordem dos acontecimentos da narrativa. Essa ordem teoricamente não poderia mudar em uma autobiografia, já que a proposta é contar os acontecimentos de uma vida tais como eles se desenvolveram. É exatamente essa questão que é intrigante no estudo da gênese de *As palavras*: é possível falar de má-fé?

As principais mudanças de ordem dos desenvolvimentos são relativas à parte final do livro. No texto publicado, o menino Sartre, por volta dos 12 anos, em 1914, já tinha passado por grandes decepções: não ser o menino prodígio intelectual que o avô gostaria que ele fosse, não ser o aluno genial que os professores queriam que ele fosse, não ser uma companhia simpática que os seus colegas queriam que ele fosse. Para compensar essas decepções, ele tinha se amparado na idéia de ser "o escolhido" ignorado, primeiro a partir da religião e depois a partir da idéia de se tornar, no futuro, um escritor de muito sucesso, com um funeral monumental, com milhares de pessoas nas ruas. Mas uma mudança de colégio, a conquista de novas amizades e um convívio mais intenso com sua

▼ ▼ ▼ ▼ ▼

13. Os resultados desse estudo foram publicados no livro do próprio Lejeune, *Les brouillons de soi* (Paris: Seuil, 1998).

mãe o fazem esquecer suas tábuas de salvação e se tornar um menino feliz e com as preocupações normais de sua idade. Então o narrador intervém, afirma que essa felicidade durou pouco e que ele de fato voltou ao desejo de ser escritor. Porém, teria percebido que esse desejo (e toda a teorização que o justifica: a literatura engajada, a possibilidade de o escritor mudar a sociedade) não era mais do que uma forma de justificar o amor negado na infância, não era mais do que um sintoma de sua loucura. Seria fácil se contentar com a glória realmente adquirida, mas agora que tem consciência de que ela era apenas uma máscara, é necessário lutar contra ela também:

> Sartre assume a postura do herói, ofegando mas sorrindo, com a espingarda na mão, o pé sobre a besta imunda que ele acabou de abater depois de um combate de meio século. Ele pede até um *prêmio* – de educação cívica! Cabe perguntar por que ele recusou, no ano seguinte, o prêmio Nobel, que certamente foi atribuído tanto ao escritor engajado quanto ao gênio literário. Talvez porque ele só quisesse recebê-lo de si mesmo: o que acontece justamente aqui![14]

O primeiro datiloscrito do livro nem sequer chega aos 12 anos de Sartre. Já o segundo descreve o primeiro desejo de ser escritor, mas não inclui o epílogo definitivo, pois nesse momento o livro contaria a história de Sartre até os seus 50 anos. O manuscrito seguinte apresentaria um corte nesses fatos e relacionaria sua loucura com o menino que delira com sua morte grandiosa como escritor. Logo depois viria o epílogo, em que ele reconhece sua vida adulta como parte dessa loucura e pensa o que fazer com ela. Mas não havia nenhum sinal de seus amigos de escola, do início da guerra e de

▼ ▼ ▼ ▼

14. Id., ibid., p. 244. Tradução dos autores.

sua alegre cumplicidade com a mãe (a cura aparente). Esses episódios só apareceriam na versão final.

A primeira questão que Philippe Lejeune se coloca em relação a isso é: o que o fez mudar seu projeto inicial de fazer uma autobiografia até os seus 50 anos por um relato de infância que termina em 1916? A segunda é: Por que o momento de felicidade surge somente na versão final? De repente ele lembrou que existia?

Durante os primeiros anos de redação do livro, aparentemente, Sartre acreditava ainda em seu desejo de ser escritor. Ao descrever os principais acontecimentos de sua infância, então, percebe como ele mesmo teria se enganado. Assim, a escrita constitui-se em uma crítica ao processo inicial, em descontinuidade em relação ao primeiro projeto. Em relação aos episódios de felicidade, afirma Lejeune, o movimento seria o contrário. Em suas primeiras anotações para a autobiografia, ele reconhecia ter tido uma infância feliz, na vida cômoda de uma família burguesa que o amava, e não focava muito esse ponto. Ao ler o penúltimo manuscrito, ele teria se espantado com o ar sombrio de uma infância que, antes da empresa autobiográfica, não era vista dessa maneira. Por isso, especula Lejeune, ele teria incorporado os anos felizes, os anos da cura, à sua narrativa.

O estudo das condições de enunciabilidade dessas descontinuidades cai aparentemente em um biografismo: a escrita apresentaria essa mudança porque "ele" – o escritor – teria olhado de forma diferente sua infância. No entanto, a última interpretação já mostra um diálogo com outro tipo de discurso, a teoria da autobiografia.

O estudo da especificidade do gênero, fundado exatamente por Lejeune, destaca exatamente essa necessidade de boa-fé em relação aos acontecimentos narrados. Assim, a coerência em relação às lembranças iniciais da infância seria um movimento de escritura próprio da prática desse gênero. São explicações ainda insuficientes para entender as instituições nas quais surgem essas mudanças, porém não podemos deixar de reconhecer que o crítico procura, a partir da delimitação de um recorte, estabelecer descontinuidades e tentar entender o contexto no qual elas surgem.

Espaços escriturais

Anteriormente, ao nos referirmos às descontinuidades dentro dos documentos, introduzimos a noção de espaço de tensões como unidade na qual o pesquisador deve se centrar. Mais tarde, identificamos esse espaço com o recorte. Agora nossa pergunta é: podemos pensar esse recorte como um espaço físico próprio da criação, por exemplo, os cadernos, os planos, as cartas ou as margens?

Essa tem sido uma opção recorrente da crítica genética brasileira, especialmente nos últimos anos. Verónica Galíndez Jorge, por exemplo, desde sua dissertação de mestrado sobre os contos de Flaubert, afirma que o trabalho de um crítico genético consiste sobretudo em parar e "ouvir as diferentes vozes que surgem a cada rasura". Mas parar onde? A pesquisadora sugere, na tese, o conceito de espaço escritural como uma unidade construída durante a criação. É nesses espaços, como a página, a correspondência, o fólio, os cadernos, que o leitor "privilegiado" dos manuscritos poderá ouvir as diferentes vozes e elementos que compõem a escrita.

No imaginário dos críticos literários, o objeto construído com o qual lidamos é sempre a obra "final", e não uma folha, um caderno ou uma carta. No entanto, o leitor atento inevitavelmente lembrará das palavras de Almuth Grésillon, que comentava, no início deste livro, que o processo de criação ao qual chegaria o crítico genético seria uma construção. Na proposta de Galíndez Jorge, o espaço escritural é um tipo também de construção crítica, mas totalmente diferente do "processo cronológico" ao qual se refere Grésillon:

> Os espaços escriturais, em suma, são uma tentativa teórica de observação de constantes em uma atividade caracterizada pelo movimento. Ao pensarmos na escritura não só como odisséia, mas incluindo outras faces que aqui delineamos, como a permeabilidade, a retroalimentação, a polifonia, essa não cessa de se inscrever, de se reinventar, de explodir em mil peças.[15]

Cecília Almeida Salles também tem trabalhado os espaços escriturais, mas sob outro viés, concentrado no espaço de trabalho do escritor. Para ela, o escritório, estúdio ou ateliê seria um lugar privilegiado para compreender como a cultura se relaciona com o processo de criação, que normalmente é considerado em sua dimensão individual. Fotos, panfletos, recortes de jornal, anotações de leituras de livros são exemplos dos objetos que podem ser encontrados nesse espaço e participar do processo de criação. Para entender como ocorre essa participação, a autora resgata o conceito de interação, de Edgar Morin, que remete, da mesma forma que outros conceitos vistos anteriormente, a uma criação em tensão, em relação, em choque:

> As interações supõem elementos que podem se encontrar; supõem condições de encontro, quer dizer, agitação, turbulência, fluxo contrário etc.; obedecem a determinações e a imposições ligadas à natureza dos elementos, sujeitos ou objetos que se encontram; tornam-se, em certas condições, inter-relações (associações, combinações, comunicações), ou seja, dão origem a fenômenos de organização.[16]

▼ ▼ ▼ ▼ ▼

15. Op. cit., p. 75.
16. SALLES, Cecília Almeida. "Espaço e tempo da criação". Texto inédito apresentado no encontro do GT de Crítica Genética da Anpoll de 2004, p. 2.

Os trabalhos de Telê Ancona Lopez e sua equipe sobre o processo de criação de Mário de Andrade concentram-se no estudo de um espaço escritural: a marginália. Mário destruiu ou abandonou nas gráficas a maioria de seus manuscritos relativos a livros publicados, porém deixou um registro valioso de seu processo criativo nas margens dos livros que consultava. É interessante destacar que esse recorte, a princípio surgido de uma restrição, permite a abertura da pesquisa para o estudo da intertextualidade na escritura.

Observemos de perto um exemplo de recorte no espaço da marginália. A partir da organização da biblioteca de Mário de Andrade, das datas de aquisição dos livros, dos lápis usados e do tipo de anotação, Lopez estabelece tempos diferentes das notas nas margens dos livros. Em um primeiro momento, as anotações – a maioria, à tinta – visariam o melhor entendimento de um conceito ou o destaque de algum trecho importante, como os apontamentos de um estudante. Em um segundo momento, iniciado em 1914, a marginália, geralmente a lápis preto, teria outro sentido: "escolhe e grifa títulos, versos, destaca trechos, confere a versificação, denuncia gralhas, tece comentários, põe exclamações de aplauso e de ironia, semeia tópicos de pesquisa, até mais ou menos 1929"[17]. São agora as anotações de um escritor/crítico, que condena ou se apodera das realizações de outros:

> Não se satisfazendo em ressaltar pontos de sua admiração ou recusa na obra que ele próprio pusera no seu caminho, o leitor se faz escritor e age como tal ao se expor a novos estímulos e ao recolher sementes. Esses estímulos – temas, soluções de estilo, personagens etc.

▼ ▼ ▼ ▼ ▼

17. LOPEZ, Telê Ancona. "A biblioteca de Mário de Andrade: seara e celeiro da criação". In: ZULAR, Roberto. *Criação em processo*, cit., p. 56.

– casam-se com obsessões, preocupações, propostas estéticas, conscientes ou ainda não, mas passíveis de serem captadas na grande rede de documentos que alcança todos os tempos da produção do escritor.[18]

Ao identificar essa função de "ressonância" com temas de interesse do próprio autor, Lopez preocupa-se em ligar essas anotações com as obras que ele produzia paralelamente. Assim, ao descobrir um grifo sob o título "Le crépuscule du soir" do exemplar de *As flores do mal* encontrado na biblioteca de Mário, ela percebe que o escritor pode ter se embebido do tema do entardecer baudelairiano[19] para compor o poema "Noturno", de *Paulicéia desvairada*, que ele escreve em 1921-1922.

Ao comparar os poemas de Baudelaire e o de Mário, ela percebe como o tema da noite é transfigurado. Enquanto no poeta francês a noite é um tema de dupla face, que representa ao mesmo tempo o alívio dos trabalhadores braçais que voltam para seus lares e o início das atividades dos marginais (e do sofrimento dos loucos), no poeta brasileiro a noite é apenas o momento do êxtase e de sensualidade daqueles que passeiam pelo bairro do Cambuci. Segundo Lopez, essa transfiguração apontaria uma mudança na posição do eu-lírico: em Baudelaire, o eu veria as contradições da cidade de cima; já em Mário, o eu observaria com inveja as sensações de volúpia dos marginais.

Podemos observar que o recorte na marginália é também uma forma de delimitação de um campo de descontinuidades, neste caso, entre um texto de outro lido pelo autor e a própria criação. Por si só, é um enfoque que se detém nas condições de enunciabilidade, já que procura entender a prática da li-

▼ ▼ ▼ ▼ ▼
18. Id., ibid., p. 56.
19. Baudelaire também tem um poema em prosa com o mesmo título no livro *Spleen de Paris*. Mário possuía um exemplar desse livro em sua biblioteca, adquirido em 1919, que não contém anotações na margem. No entanto, o grifo no poema homônimo de *As flores do mal* leva a pesquisadora a supor a leitura e a incorporação do poema na criação do escritor brasileiro.

teratura tal como concebida pelo poeta brasileiro. No entanto – pelo menos a partir do texto citado –, o intuito desse estudo é muito mais configurar uma rede de relações do que tentar explicar por que elas são estabelecidas.

Além da marginália, outro espaço da criação de Mário foi conservado: sua correspondência. Como mostra Marcos Antônio de Moraes, as cartas entre Mário de Andrade e Manuel Bandeira não só apresentam manuscritos e versões de poemas depois publicados, mas um diálogo constante sobre a construção de suas obras (e sobre as obras dos outros também). É interessante observar que a correspondência não é apenas "mais um" documento da gênese: ela apresenta um diferencial em relação a todos os tipos de esboços, planos e manuscritos. A carta é um texto feito para outro: se ela se refere ao processo de criação, o faz procurando inserir o outro nesse processo. Assim, trata-se de um manuscrito com um lugar determinado para o leitor. Como explica Marcos Moraes: "Diverso de um procedimento solitário e narcisista que acalenta a autojustificação, o relato minucioso da gênese do poema, entranhado na carta, parece desejar a cumplicidade do interlocutor"[20] (ver figura 16).

▼ ▼ ▼ ▼ ▼

20. MORAES, Marcos (org.). *Correspondência Mário de Andrade & Manuel Bandeira*. São Paulo: Edusp/IEB, 2000.

Figura 16. Uma carta de Manuel Bandeira a Mário de Andrade. Nessa carta, ▶ escrita em um papel de embrulhar pão – dada a urgência da resposta –, é possível perceber claramente esse "desejo da cumplicidade do interlocutor" ao qual se refere Marcos Moraes. No final do terceiro parágrafo lê-se: "Quando escrevo imagino sempre você me lendo. [...] Se você não existisse, eu não sei como procederia, porque é certo que me contenho porque conheço a sua natureza e não quero aumentar-lhe as tristezas e desgostos com o espetáculo da minha raiva e do meu sarcasmo desencadeado. Sobretudo que pra falar franco e rijo eu tinha que arrastar você: ora eu sinto que a minha predileção pela sua poesia despertou sempre uma bruta ciumada."

Rio, 13/nov/26.

Mario.

Imagine que o meu bloco acabou e eu estou sem papel em casa. Por isso lancei mão do papel em que vem embrulhado o meu pão! É que não quero demorar resposta à sua carta de outro dia.

Você é um raciocinador perigoso. A você não se pode escrever às pressas, porque você espreme as frases e se a gente não se exprimiu direito, pronto! você tira uma conclusão com que a gente não contava e que muitas vezes vai aborrecer você. É o caso do começo e do fim de sua carta. Em carta de 3 você diz: "O artigo do S. é um artigo rápido, impreciso, um traços de um desluxo sem franqueza de um cidade. A mesquidade que ele está em...

4. Operações de leitura

Constituir um dossiê

Mesmo quando os manuscritos se encontram reunidos em apenas uma biblioteca, o trabalho do pesquisador também consistirá em recompor um conjunto de documentos, o que se tem convencionado chamar de "constituição de dossiê". Embora até agora essa operação tenha sido relacionada com uma obra, defendemos aqui que o dossiê seja mais específico e que remeta diretamente ao recorte de pesquisa escolhido. No entanto, essas separações não são tão claras, já que o recorte pode sofrer mudanças ao longo da pesquisa. Por isso, é importante, ao mesmo tempo que se constitui um dossiê por recorte (por exemplo, a elaboração de determinada personagem), ter consciência do total de documentos que constitui a obra.

O escritor pode ter tido a idéia de produzir uma obra vinte anos antes de escrevê-la, o que significa que seus primeiros manuscritos devem encontrar-se provavelmente em um caderno ou caixa bem distante dos manuscritos correspondentes àquela obra. Também é possível que o escritor tenha desenvolvido o projeto a partir do diálogo com um amigo, editor ou outro escritor, o que estará arquivado nas caixas ou pastas dedicadas à correspondência do autor. Finalmente, devemos considerar também a possibilidade de que o primeiro registro do projeto se encontre em uma entrevista dada pelo autor, na qual tenha feito referência a seus projetos futuros, que não esteja de forma alguma guardada como documento de processo desse trabalho.

O termo dossiê é freqüentemente confundido com prototexto, conceito cunhado por Jean Bellemin-Noël e definido como "o conjunto de rascunhos, manuscritos, provas, variantes sob o ângulo daquilo que precede materialmente uma obra e que pode fazer sistema com ela"[21]. A diferença entre os dois termos é sutil: enquanto "dossiê" se referiria aos documentos em si, o prototexto estaria mais ligado ao trabalho do pesquisador. De alguma forma, ao usar "prototexto", o pesquisador estaria mais consciente de que aqueles manuscritos e documentos são uma escolha sua e não constituem a totalidade de documentos anteriores a uma obra.

Neste livro, preferimos usar a palavra dossiê porque seu uso é mais comum entre os geneticistas. Mas o termo não deixa de ser problemático. Afinal, devemos lembrar que o escritor tentou criar uma unidade (a obra, um personagem, um tema etc.) daquilo que não tinha unidade (seu pensamento). Alguns documentos podem dar origem a muitas obras ao mesmo tempo, outros podem não ter relação direta com nenhuma obra específica. É o que ocorre, por exemplo, com os manuscritos de João Guimarães Rosa. Ao realizar suas viagens pelo sertão de Minas, ele anotava expressões, histórias e paisagens que utilizaria em vários de seus textos. Em seus "estudos para a obra" (grandes cadernos nos quais fichava outros livros) também encontramos a exploração de palavras e problemas que ele ainda não sabia ao certo em que conto entrariam.

Dessa forma, podemos afirmar que constituir um dossiê será sempre atribuir artificialmente uma unidade a um conjunto de documentos sem unidade. Por isso, é impossível chegar a um dossiê definitivo. Mas essa não é a única razão para tal. Afinal, a maioria dos registros de criação não está em nenhum dossiê, mas na memória do próprio escritor, à qual em geral não temos acesso. Assim, todos os dossiês são imperfeitos, incompletos e artificiais. No entanto, vale a pena

▼ ▼ ▼ ▼ ▼

21. BELLEMIN-NOËL, Jean. *Le texte et l'avant texte: les brouillons d'un poème de Milosz*. Paris: Larousse, 1972, p. 15. Tradução dos autores.

organizá-los para ter uma idéia do contexto no qual a criação se insere ou, de outra forma, como ela dialoga com a criação de outras obras. Também é importante o trabalho de procurar o maior número possível de documentos, o que permitirá ao pesquisador perceber mais movimentos de escritura. Porém, é necessário lembrar sempre que a busca de material deve também ser sempre guiada por um limite, aquele que se forma assim que o tempo se torna escasso para interpretar a criação. Defendemos aqui que a crítica genética, apesar de contar com um trabalho de pesquisa de documentos, arqueologia e codicologia, é sobretudo uma forma de pensar a escritura.

Transcrever

Por que transcrever os manuscritos? Em primeiro lugar, como já definimos, a transcrição é uma forma de divulgar um material de acesso restrito. Ao transformar imagens em texto, o material se torna mais fácil de reproduzir, de transportar e de ler. Em segundo lugar, ao transcrever, o pesquisador mimetiza o escritor, passando por obstáculos semelhantes que ele enfrentou, criando o mesmo tipo de soluções e, assim, tendo uma visão mais clara dos movimentos de escritura. Transcrever não se trata de um trabalho manual, mas de uma leitura tão intelectual quanto outras leituras, cujo entendimento não se dá apenas no pensamento, mas também nas mãos.

Com os recursos gráficos com os quais contamos hoje, seria absurdo não tentar reproduzir o documento com as mesmas características do original, tais como as diferentes cores de tinta, a grossura do traço, a inclinação do texto, as formas pelas quais o texto é rasurado etc. Esse tipo de reprodução, chamada de "transcrição diplomática", é desejável não apenas porque exime o leitor de conhecer complicados sistemas de códigos (sempre diferentes para cada edição), mas porque respeita o espaço próprio da criação. A criação não é linear; os movimentos ocorrem muitas vezes a partir da coexistência de informações em uma mesma página, da exploração do vazio da margem, do desenho que se forma a partir da escritura. Assim, a principal característica dessa transcrição deve ser não tentar alterar em nada o formato original (ver figuras 17 e 18).

Há alguns anos, era também praticada a "transcrição linear", que tinha como objetivo transformar o espaço do manuscrito em um texto legível da esquerda para a direita e de cima para baixo. Hoje essa prática entrou em desuso dentro da crítica genética, já que essa reprodução ignora a própria especificidade do manuscrito e o transforma apenas em um texto "difícil" (ver figura 18).

Identificar descontinuidades

A análise de descontinuidades é uma tarefa desenvolvida desde a primeira vez em que um pesquisador tem contato com um conjunto de manuscritos. Como dissemos no primeiro capítulo deste livro, o recorte se elabora a partir da identificação de séries de descontinuidades. Mas isso não significa que essa tarefa se esgote na elaboração desse recorte. O estudo das relações implica uma leitura atenta das marcas de leitura ou rasuras. Mas como definir uma rasura?

Se pensarmos na rasura apenas como um aspecto físico da escrita, já teremos problemas para uma definição. A rasura pode remeter a vários tipos de movimentos. O mais comum é a **substituição**, que ocorre quando uma palavra, frase ou outro tipo de construção é riscada e logo substituída por outra escrita acima ou depois. Mas também pode se referir, por exemplo, a um **acréscimo**: uma construção é

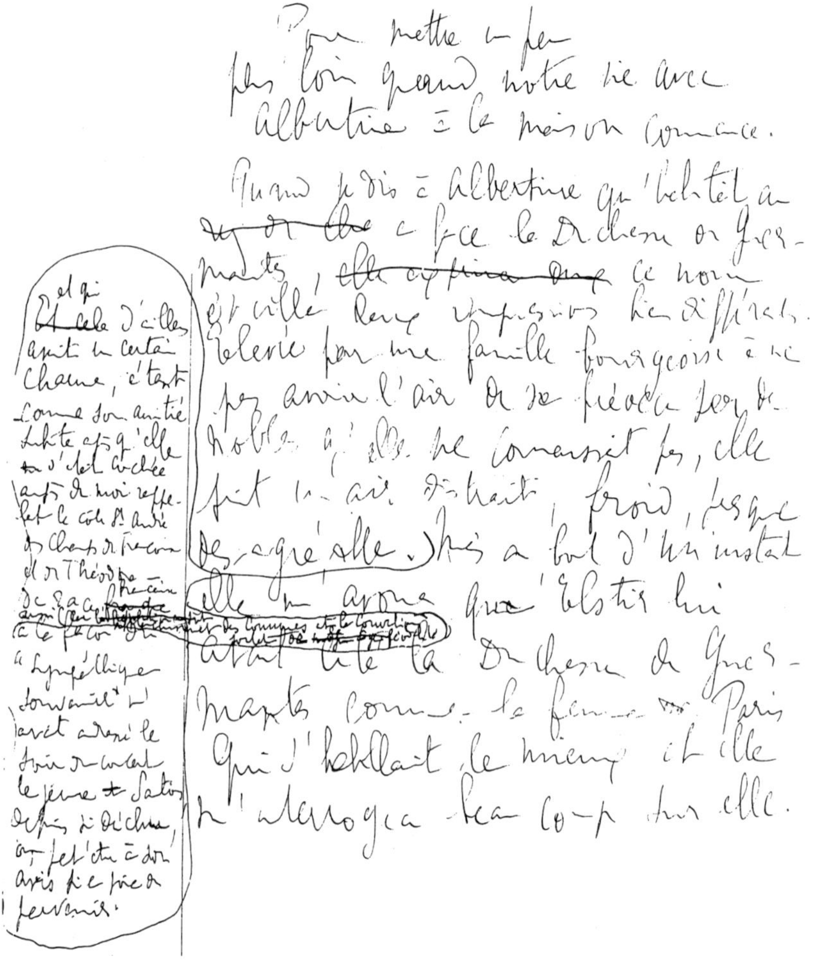

Figura 17. Um verso de fólio do caderno 53 de Marcel Proust. Esse manuscrito poderia servir para negar a teoria do próprio Proust, que defendia a separação entre o eu do escritor e o eu ficcional. No *incipit* do manuscrito, lê-se uma disposição metaescritural na qual o eu que compõe a narrativa se confunde com o eu do narrador Marcel, que resolve morar com a personagem Albertina: "Para colocar um pouco mais adiante quando a minha vida com Albertina em casa começa."

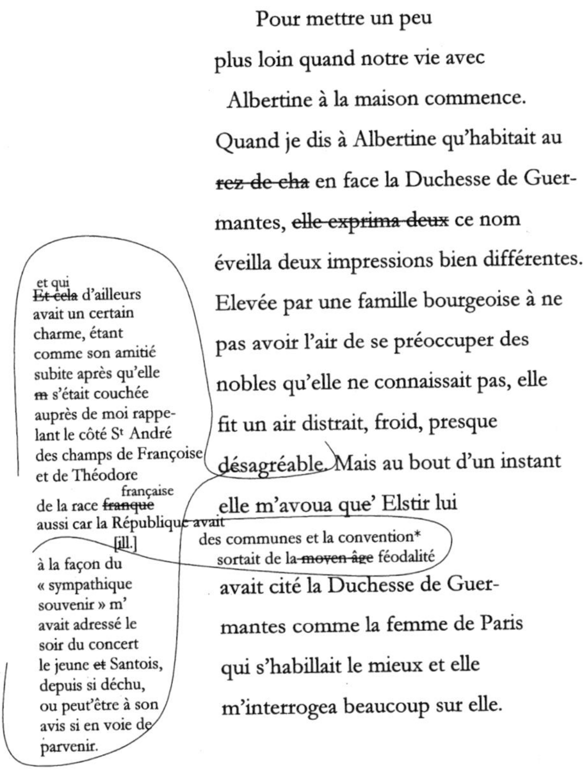

Pour mettre un peu
plus loin quand notre vie avec
Albertine à la maison commence.
Quand je dis à Albertine qu'habitait au
~~rez-de-cha~~ en face la Duchesse de Guer-
mantes, ~~elle exprima deux~~ ce nom
éveilla deux impressions bien différentes.

et qui
~~Et cela~~ d'ailleurs
avait un certain
charme, étant
comme son amitié
subite après qu'elle
~~m~~ s'était couchée
auprès de moi rappe-
lant le côté St André
des champs de Françoise
et de Théodore
                française
de la race ~~franque~~
aussi car la République ~~avait~~
                    [ill.]
à la façon du
« sympathique
souvenir » m'
avait adressé le
soir du concert
le jeune ~~et~~ Santois,
depuis si déchu,
ou peut'être à son
avis si en voie de
parvenir.

Elevée par une famille bourgeoise à ne
pas avoir l'air de se préoccuper des
nobles qu'elle ne connaissait pas, elle
fit un air distrait, froid, presque
désagréable. Mais au bout d'un instant
elle m'avoua que' Elstir lui
des communes et la convention*
sortait de la ~~moyen âge~~ féodalité
avait cité la Duchesse de Guer-
mantes comme la femme de Paris
qui s'habillait le mieux et elle
m'interrogea beaucoup sur elle.

Figura 18. Transcrição diplomática feita por Carla Cavalcanti e Silva do fólio de Marcel Proust. Esse trabalho enquadra-se no projeto internacional de transcrição de todos os cadernos de Marcel Proust, coordenado por Antoine Compagnon, e que conta com vários pesquisadores brasileiros. As disposições desse projeto obrigam os geneticistas a copiar a organização original da página, inclusive desenhos e traços, o que mostra a falta de atualidade da transcrição linear.

inserida dentro de uma linha (com uma flecha, ou simplesmente superposta, ou sobrescrita etc.) sem que nenhuma outra tenha sido descartada. Outro movimento comum é a **eli-
minação**, quando simplesmente uma elaboração é riscada
sem ser substituída. Esses três movimentos podem se justapor

e variar infinitamente. Há quem tenha estudado todas as variações possíveis, até mesmo todos os tipos de traços com os quais é possível riscar uma palavra[22], porém essa tarefa nos parece totalmente sem sentido. A tensão não é compreensível a partir de categorias, mas a partir de relações que ela mesma cria em sua paisagem.

Mais do que categorias, propomos trabalhar **a rasura como um conceito**. Até hoje, Philippe Willemart é quem mais tem desenvolvido pesquisas nessa linha. Para entendê-las, no entanto, é necessária uma breve digressão dentro de nosso desenvolvimento, já que devemos explicar certos paralelos com a psicanálise.

No livro *Universo da criação literária*, Willemart descreve a rasura a partir de uma analogia entre o escritor e o paciente que vai ao consultório de um psicanalista. O analisando deita em um divã e começa a falar – a tagarelar – sobre sua relação amorosa, seu trabalho, seus sonhos, e de repente algo acontece: ele fala alguma coisa inesperada, estranha. Por exemplo, ao se referir à sua mulher, usa outro nome. Um pedaço do inconsciente entra no jogo. O analisando tentará se corrigir, mas agora não poderá seguir o mesmo discurso de antes: terá de reformular tudo para incorporar esse inconsciente agora revelado. Enquanto o paciente estiver angustiado, ele continuará indo ao analista, gastando uma fortuna por mês e incorporando os pedaços do inconsciente a seu discurso. No momento em que não estiver mais angustiado, não sentirá mais a mesma necessidade de falar, nem de fazer aflorar aquilo que desconhece. Ele estará momentaneamente satisfeito com a porção de inconsciente incorporada a seu discurso.

▼ ▼ ▼ ▼ ▼

22. Em forma de onda, de xis, um traço reto, uma textura etc. Ver BIASI, Pierre Marc, *La génétique des textes*. Paris: Nathan, 2000.

Dessa forma, o paciente, ao falar no consultório do analista, procura um novo equilíbrio entre os diferentes elementos de seu sistema psíquico. Para Willemart: "O mesmo quadro conduz o escritor a desatar a forma-sentido dada por uma primeira redação e a reatá-la sob a ação de um terceiro desconhecido, a criar assim uma consistência nova."[23]

Dessa maneira, o escritor tagarela sobre uma folha de papel, cartolina, tela de computador, e de repente, naquela escritura, surge algo estranho, desconhecido, novo. A rasura será ao mesmo tempo testemunha dessa estranheza e começo da articulação de um novo discurso, que integre esse desconhecido.

A partir dos manuscritos de Proust e dos trabalhos do físico Jean Petitot, Willemart aprofunda sua reflexão sobre a rasura. O pesquisador não defenderá mais a rasura como ação de um terceiro ou de um inconsciente, um não-sabido. Esse trabalho de reintegração do desejo seria feito no próprio pensamento, durante nossa vivência, nossas tarefas cotidianas, enquanto experimentamos as alegrias de um relacionamento amoroso ou as dores de uma perda. Ao escrever, as palavras se auto-organizariam, com as mesmas rasuras, as mesmas reescrituras dos nossos movimentos espirituais.

> [...] estas formas de percepção, produtos ou emergências de matérias acumuladas e reorganizadas no espírito desembocam numa forma visível que se auto-organiza e confunde-se com a escritura. O manuscrito, nesse sentido, será visto como a vitrina de um processo de auto-organização, ao mesmo tempo sofrido e conduzido pelo *scriptor*, ou de uma "matéria dinâmica se (auto) organizando", se acrescentarmos a idéia de processo à tese fundamental de Petitot.
>
> A rasura, será, portanto, o signo de uma luta não resolvida de elementos movimentando-se no espírito, pertencentes à função sim-

▼ ▼ ▼ ▼ ▼

23. WILLEMART, Philippe. *Universo da criação literária*. São Paulo: Edusp, 1993, p. 72.

bólica ou aos diferentes não-sabidos que assinalei e que fará o escritor ver um pedaço de Real.[24]

É importante entender que essa movimentação no pensamento não se situa necessariamente antes do momento da escrita: não há uma rasura mental anterior à rasura física. A rasura mental é signo de uma luta travada a cada momento, até mesmo no momento da escrita. Ao escrever, o escritor não buscaria expressar uma idéia, mas um embate, que vai procurar forma e algum tipo de solução no papel.

Seja como pensamento ou como rabisco, a tensão produzida pela rasura pode ser descrita como uma parada dentro de um processo conhecido, mas infértil, que produzirá a entrada de um desconhecido que o tirará da infertilidade. Entendemos por fertilidade, aqui, uma satisfação por parte do escritor.

Seguindo com a mesma analogia do analisando no consultório, o importante não é o que ele fala, mas as paradas que faz em seu discurso. Assim, mais do que se referir à sua mulher, o importante é ele dizer o nome dela errado e incorporar esse pedaço de inconsciente que estava oculto – e incomodava – ao discurso anterior. É a partir da parada que ele vai encontrar pelo menos o caminho para o alívio da dor que procurava no início da análise. No caso do escritor, é a partir da erupção dessa força desconhecida que ele criará um novo discurso, que o deixará um pouco menos angustiado do que no momento em que começou a escrever. O momento produtivo na escrita é o momento da parada e da bifurcação.

Pelos exemplos dados, a teoria da rasura de Willemart pode parecer ligada a um biografismo. No entanto, como a base des-

▼ ▼ ▼ ▼ ▼

24. WILLEMART, Philippe. *Bastidores da criação literária*. São Paulo: Iluminuras, 1999, p. 180.

sa visão é a psicanálise lacaniana, ela não pode ser explicada apenas pelo "espírito" individual do escritor. Para Lacan, o sujeito não pode ser concebido como unidade, mas como um nó de três registros: o imaginário, o real e o simbólico. Este último contém as disposições sociais constitutivas da subjetividade, como a linguagem, as leis, as coerções do sistema de produção, as técnicas escriturais etc. A cada novo discurso, ele procura uma nova satisfação para o nó produzido pelos três registros, que contém uma série de tensões da própria sociedade. Assim, nenhum ato criativo teria apenas implicações individuais: o escritor agiria como um operador de uma escritura do espírito, da cultura, da sociedade, do sistema econômico etc.

Classificar

Almuth Grésillon indica que, após decifrar os manuscritos ("ler literalmente"), seria necessário, para chegar a uma interpretação, "ler em todos os sentidos"[25]. Ora, mas o que significa ler em todos os sentidos? Afinal, só conhecemos um sentido de leitura: da esquerda para a direita e de cima para baixo. Podemos, certamente, ampliar esses sentidos quando são usados outros espaços da página, por exemplo, quando um texto aparece escrito na margem, perpendicular ao texto principal do fólio. Mas seria impreciso dizer que nós lemos o texto em outro sentido: em geral, apenas viramos a página (ou a cabeça).

"Ler em todos os sentidos" significa encontrar eixos de leitura que não se baseiem na linearidade da escritura. O primeiro desses eixos é certamente o recorte. Se nosso objetivo é estudar a gênese da imagem do leitor em contos de Gui-

▼ ▼ ▼ ▼ ▼

25. *Éléments de critique génétique*, cit., p. 141.

marães Rosa, por exemplo, tentaremos fazer uma primeira classificação dos fólios a partir desse tema. Esse será nosso primeiro eixo não-linear. Porém, esse recorte pode ser muito amplo para visualizar movimentos de escritura. Será necessário então encontrar subeixos a partir do recorte inicial, como os estudos que o escritor fez sobre teoria literária, ou a constituição de personagens-leitores, ou as indicações nos rascunhos sobre os efeitos no leitor etc. Por sua vez, esses recortes podem dialogar com classificações de âmbitos diferentes, como os tipos de suporte, as cores de tinta ou o espaço da escritura (marginália, correspondência, planos, folhas soltas, as frentes, os versos, os cadernos).

Dessa forma, ler em todos os sentidos configura inicialmente uma atividade constante de classificação e relação entre as diferentes classificações. Por essa razão, os geneticistas insistem em afirmar que o formato ideal para a publicação de manuscritos seria o hipertexto, já que ele permitiria a conexão de vários eixos de leitura.

Uma última palavra contra a reconstituição

Como dissemos anteriormente, a crítica genética francesa considera que o objetivo da disciplina está ligado à reconstrução do processo de criação, ou seja, a uma ordenação cronológica das etapas de escritura. Porém a posição da crítica brasileira – e portanto a nossa – é reticente em relação à obrigatoriedade de reconstituir. Afinal, no começo deste livro, nos referimos aos perigos do termo "processo" e à necessidade de desenvolver uma visão crítica do processo. Os caminhos apontados naquele momento nos levaram a trabalhar mais do que com o processo: com espaços de relações. Gostaríamos agora de nos referir a outros dois argumentos contra a reconstituição do processo de criação: um político e um prático.

O argumento político. Ao estudar um manuscrito, não pensamos que nossa atividade possa ter repercussões políticas. Porém, o fato de a crítica genética ter atingido um lugar institucional de prestígio na França (um laboratório do CNRS, localizado dentro da École Normale Supérieure) está ligado a uma vantagem que o estudo dos manuscritos representa para uma sociedade, nesse caso, a francesa.

O gesto inaugural de valorização dos manuscritos modernos foi feito por um escritor francês, Victor Hugo, que doou seus documentos à Biblioteca Nacional, como veremos de forma mais detalhada no próximo capítulo. Desde então, os escritores franceses sistematicamente têm doado ou vendido (os mais recentes) seus manuscritos à instituição. Por seu lado, essa biblioteca tem iniciado uma verdadeira busca do fólio perdido, ao participar de leilões internacionais e procurar documentos nas casas de descendentes de escritores de diferentes nacionalidades. O dinheiro e a energia gastos nessa campanha não visam apenas a conservação desinteressada do patrimônio cultural, mas também, como já dissemos, a afirmação de Paris como um centro de estudos, de pensamento e, conseqüentemente, de poder.

O escritor Michel Butor tem trabalhado em todos os seus escritos essa estranha relação que existe entre os arquivos e o poderio das cidades:

> A função da cidade como acumuladora de texto é tão importante que é possível se perguntar se não seria essa a sua raiz principal. As pesquisas arqueológicas nos ensinam que, em todo lugar do planeta, as primeiras grandes cidades são contemporâneas à invenção da escrita, qualquer que seja o modo desta. Assim, talvez não seja o fato de haver muitas pessoas em um lugar que determine a acumulação do texto, mas o inverso. Seria porque, nesse lugar em que o texto se acumula, as pessoas se instalam lá de alguma maneira para ser-

vir-lhe. A sede da autoridade não é então a sede do governo, nem a do chefe militar, nem a do arcebispo, mas dos arquivos.[26]

Paris tem se preocupado em ser a sede de arquivos literários e, de certa maneira, professores, estudantes e pesquisadores do mundo todo se concentram lá para servir esses textos (e para servir o conhecimento gerado a partir desses textos). A importância desse movimento é evidente quando pensamos que essa base intelectual confere ao Estado francês uma posição privilegiada como potência.

O estudo dos manuscritos será mais funcional a essa configuração se ele ressaltar a importância dos documentos, ou seja, se lhes conferir certa positividade. Assim, é fácil entender por que a crítica genética na França tem se centrado na reconstituição do processo de criação. Se esse é o objetivo, é fundamental conhecer os manuscritos originais, ou seja, viajar ao lugar onde esses documentos se encontram. Por outro lado, o estudo deve se centrar na manipulação do manuscrito, e não em alguma projeção teórica. Finalmente, ao ser considerados base de uma reconstrução, esses documentos servem para construir novos produtos para essa sociedade, e não para destruir os produtos anteriores, como sugeriria a teoria pós-estruturalista.

Almuth Grésillon reconhece esse problema da crítica genética francesa, embora o identifique com uma herança filológica. De qualquer forma, é interessante perceber que essa herança proviria exatamente da necessidade de reconstituição ou, em suas palavras, "restituição da ordem sucessiva":

> A crítica genética não tem culto nem pelo texto nem pelo manuscrito, mas esse último é seu objeto, enquanto a filologia tem como

▼ ▼ ▼ ▼ ▼

26. BUTOR, Michel. *Repertoire 5*. Paris: Minuit, 1982, p. 36. Tradução dos autores.

objeto o primeiro: o texto, sua história, seu estabelecimento genético, sua edição, sua "verdade". Ocupar-se do manuscrito literário para a crítica genética é certamente analisá-lo filologicamente para restituir a sua ordem sucessiva, mas a partir daí começa um trabalho de interpretação que não visa o melhor texto, mas a elucidação do trabalho da escritura.[27]

Porém, antes de iniciar essa interpretação do trabalho de escritura, o pesquisador inevitavelmente depara com um empecilho prático, que é nosso último argumento contra a reconstituição.

O argumento prático. As pesquisas genéticas, assim como qualquer outra pesquisa acadêmica na área de humanas, dependem de financiamento específico de agências de fomento, como bolsas de iniciação, mestrado, doutorado, produtividade, projetos temáticos etc. Na maioria das vezes, esses financiamentos implicam um prazo limitado de entrega de relatórios finais ou teses. Dessa forma, em um período máximo de três anos, em média, o pesquisador deve fazer essa suposta reconstrução filológica e chegar a uma "elucidação do trabalho de escritura", nas palavras de Grésillon.

No entanto, uma rigorosa reconstrução do processo de escritura relativo a um só romance de um só autor leva mais tempo do que isso. O dossiê de *Madame Bovary*, por exemplo, conta com mais de dois mil fólios. Como transcrever, classificar e delimitar as diferentes etapas cronológicas desse processo e, além disso, criar uma interpretação dele em três anos?

Em geral, há três soluções para esse impasse. Em uma primeira saída, simplesmente não se chega à etapa interpretativa. O trabalho de mestrado ou doutorado consiste então em um

▼▼▼▼▼

27. *Éléments de critique génétique*, cit., p. 31.

levantamento dos documentos, na constituição de um dossiê, em uma transcrição de documentos e em algumas hipóteses sobre o trabalho de escritura (em geral, na forma de prefácio ou introdução). Essa tem sido a solução mais comum para esse impasse na França e nos primeiros estudos com arquivos brasileiros. Outra saída consiste em fazer esse trabalho em equipe. Contudo, isso significaria que o trabalho final do geneticista não incluiria uma reconstituição do processo, mas apenas a reconstituição de uma parte (o todo seria vislumbrado depois da leitura de todos os trabalhos de determinada equipe). Por fim, a solução à qual queremos chegar com toda essa argumentação: o pesquisador resolve simplesmente se eximir de realizar a reconstrução.

5. Estudo das práticas de escrita

Sem a necessidade de reconstrução do processo, o estabelecimento do recorte e as diferentes operações de leitura aplicadas a esse recorte – constituir um dossiê, identificar descontinuidades, transcrever, classificar – ficariam aparentemente desprovidas de objetivo. Porém, como já afirmamos, esse não é um problema, mas uma solução. Livre da obrigação de seguir os passos do escritor, o pesquisador pode elaborar ele mesmo sua escrita, ou uma posição crítica em relação à escrita literária. Esse posicionamento, em crítica literária, é chamado normalmente de interpretação. Aqui, já nos referimos a ele como estudo das condições de enunciabilidade ou estudo das práticas envolvidas na escrita.

No segundo capítulo deste livro, desenvolvemos alguns aspectos dessas práticas. Traçamos uma breve história da escrita, tentamos pensar por que ela surge como meio de invenção, destacamos algumas relações entre oralidade e escrita, referimo-nos às características da circulação de materiais escritos (impressos e manuscritos), à especificidade dessa circulação no Brasil e à constituição de um espaço de recepção dos documentos de trabalho do escritor. Todos esses aspectos estão dentro de sistemas de produção econômicos, de momentos históricos, de valores estéticos. Assim, não estamos apenas criando um conhecimento específico, mas tentando entender um pouco mais sobre o homem e suas relações sociais a partir do estudo da escrita.

Resta-nos explicar como esse estudo se articula com as operações de leitura de manuscritos apontadas anteriormente. Em primeiro lugar, devemos destacar que não se trata estritamente de uma "interpretação" posterior à análise das relações dentro dos manuscritos. O estabelecimento de um recorte já pode ter elementos desse estudo das práticas de escrita. Por exemplo, vamos supor que nossa proposta seja estudar de que maneira as marcas de oralidade entram na construção da narrativa de Guimarães Rosa. Para delimitar esse espaço, teremos de nos perguntar o que é uma marca de oralidade. Poderemos chegar à conclusão de que se trata da incorporação de alguma frase ou palavra que o escritor ouviu e registrou. Porém, ao tomar contato com o material manuscrito, perceberemos que esse processo é mais sofisticado: mais do que "usar" expressões ouvidas, os manuscritos tendem a revelar uma lógica da construção oral e uma tentativa de escrever a partir dessa lógica, criando expressões totalmente novas, tanto para o registro oral quanto para o registro escrito. O pesquisador deve se perguntar então quais são as lógicas da produção oral e escrita e qual é o sentido de entrelaçá-las. Antes de começar a análise, dessa forma, surgem questões próprias de um estudo da prática da escrita literária.

Em segundo lugar, devemos entender que esse estudo não propõe encontrar as "causas" de determinados movimentos escriturais. Como já dissemos no primeiro capítulo, o estudo das condições de enunciabilidade não consiste em encontrar um discurso "por trás" de outro discurso. O momento crítico está mais ligado a um diálogo de discursos, tanto da história como da lingüística, da sociologia, da teoria literária, da psicanálise, enfim, de todas as disciplinas que possam ajudar a entender as práticas da escrita.

Mesmo se nosso livro apresenta uma proposta de alguma forma ainda inédita, algumas pesquisas já têm optado por esse caminho. É o caso da tese de doutorado de Maria da Luz P. de Cristo sobre a construção dos narradores dos romances *Relato de um certo oriente* e *Dois irmãos*, de Milton Hatoum. Nos livros, os dois narradores procuram, a partir da escrita, uma identidade, um lugar dentro da história de uma família da qual são agregados (menina adotada no primeiro romance, filho da empregada no segundo). Ao ter contato com os manuscritos, a pesquisadora percebe o movimento contrário. Os narradores parecem começar com uma posição, uma identidade, bem mais definida, que se dilui ao longo da escrita. No *Relato*, são incorporadas várias vozes que desestabilizam a unidade da narradora, enquanto em *Dois irmãos* o narrador, que era apenas testemunha, assume um estatuto ambíguo de testemunha e personagem.

Para entender as condições de enunciabilidade desse movimento, Maria da Luz P. de Cristo cria um diálogo com a história e a teoria literária. Ela parte da idéia de que a história dos povos retratados nos romances também está ligada a essa falta de identidade, a uma indefinição que jamais poderá ser resolvida. Porém, os manuscritos mostram uma preocupação em sair desse discurso da história e se inserir no universo da criação literária. Assim, por exemplo, a tensão histórica entre oralidade e escrita no povo dominante (portugueses) e o dominado (índios) não está presente como um "fato" na narrativa, mas na tentativa das personagens de buscar uma identidade impossível (oral, contraditória) a partir exatamente de um discurso unificador (escrita). Para chegar a essa conclusão, a pesquisadora mobilizou discursos de várias áreas diferentes, não com o sentido de encontrar causas para as mudanças nos manuscritos, mas como forma de entender os problemas nos quais essa escrita se insere e as reflexões que propõe:

> Os romances de Milton Hatoum não oferecem soluções. Ao fim da leitura, nós leitores estamos tão desamparados quanto os narradores. Mas o percurso pelas preocupações identitárias oferece alguns pontos de reflexão, aliados aos que se podem apreender da leitura e feitura dos romances. Cornejo Polar e Glissant têm em comum, com os romances citados, a questão da história fraturada, das origens a partir de rupturas, de um passado não-dito, de uma necessidade de inscrição. Nos romances, a operação de reconstituição do discurso se dá através da memória, invenção e oralidade articuladas num processo de escrita [...].[28]

Dessa forma, não poderíamos afirmar que o estudo das práticas procura explicar os movimentos escriturais, solucionar os problemas encontrados nos manuscritos. Mesmo se o pesquisador parte desse objetivo, o diálogo com outros discursos gera problemas ainda maiores, que envolvem não só o manuscrito, mas mobilizam a sociedade como um todo. A escrita é em si uma prática problematizadora, que questiona as formas dadas de organizar o discurso, que se coloca sempre como uma maneira de destruição da realidade à qual faria referência, como explica Maurice Blanchot em *O livro por vir*. Um estudo das práticas da escrita também não poderia procurar soluções.

Ainda nesse intuito, no próximo capítulo, daremos um último passo em nossa tentativa de não encontrar soluções a

▼ ▼ ▼ ▼ ▼

28. CRISTO, Maria da Luz Pinheiro de. *Relatos de uma cicatriz*. Tese de doutorado sob orientação de Philippe Willemart, Universidade de São Paulo, 2005 (inédita), pp. 133-4. Cornejo Polar e Glissant são alguns autores que ela usa para entender as condições de enunciabilidade dos manuscritos.

partir do estudo da escrita. O ponto de partida é nosso próprio gesto, nossa necessidade de procurar um conhecimento sobre a escrita. Por que o pesquisador precisa se debruçar sobre os manuscritos? Por que os escritores criam personagens que escrevem (como o próprio Hatoum)? Por que é necessário escrever uma introdução à crítica genética? Se estamos, afinal, nos perguntando pela escrita, é necessário perguntar sobre as condições de enunciabilidade de nosso próprio discurso.

CAPÍTULO 4

DESDOBRAMENTOS TEÓRICOS

Neste capítulo, a partir do que trabalhamos anteriormente, desdobraremos algumas questões teóricas. Trata-se de questões difíceis, nem sempre respondidas, mas que a nosso ver são importantes para o desenvolvimento da crítica genética. Primeiramente, mais uma vez tendo Foucault como ponto de partida, tratamos da historicidade das práticas de escrita e do anacronismo que muitas vezes ronda os estudos genéticos. Como corolário dessa historicidade, discutimos o problema da autoria e da trama institucional que envolve a circulação e recepção dos manuscritos. Em um terceiro momento, partindo dessa problematização, discutimos um pouco os desdobramentos da crítica foucaultiana e fazemos um breve excurso pela teoria crítica de Benjamin e Adorno, em alguns pontos que tocam a *démarche* da crítica genética. Por fim, procuramos mostrar como questões suscitadas pelos geneticistas estão ligadas a certas características da literatura contemporânea e aos impasses de uma visão "processual" da arte.

1. Retomando Foucault

Começamos este livro procurando entender as condições históricas de surgimento da crítica genética. Para tanto, o olhar arqueológico de Foucault foi fundamental. Afinal, tratava-se de descrever o surgimento de uma disciplina que se pretendia formuladora de um discurso específico sobre um novo objeto, qual seja, os manuscritos.

Como proposta de análise das condições de possibilidade do surgimento de um discurso, a arqueologia do saber se mostrava extremamente esclarecedora, pois estavam lá os quatro elementos constitutivos dessa discursividade: 1) a construção de um novo objeto formulado por um discurso (os manuscritos); 2) discurso este que não tinha um modo homogêneo de enunciação (a crítica genética, partindo da base lingüística, misturou-se à filologia, à biografia, à crítica literária, à história da escrita e seus suportes etc.); 3) articulando conceitos (como os de prototexto, inconsciente do texto, rasura etc.); 4) a partir de uma estratégia que deveria ser a análise do "processo de criação". Essa formulação de uma discursividade se reforça quando se vê a busca de cientificidade que a sustentava.

No primeiro capítulo, procuramos mostrar como essa discursividade, sobretudo por sua premissa de se tornar um conhecimento "científico" e objetivo da literatura (premissa estruturalista nunca revista), dava um estatuto ao documento que era tido como prova de um processo que deveria ser reconstituído. Essa visão deixava escapar que "o documento não é mais para a história essa matéria inerte através da qual ela procura reconstituir o que os homens fizeram ou disseram, o que passou e do que apenas permanece o rastro: ela procura definir, no próprio tecido documental, unidades, conjuntos, séries, relações". Os manuscritos não são um documento inerte, mas um acontecimento num tempo e espaço próprios, ligados a uma série de condições de possibilidades históricas com as quais estão intrinsecamente relacionados.

Não se trata, pois, de partir dos documentos e chegar a um processo de criação, mas de entender as tensões, as contradições, as descontinuidades nas quais eles operam e que operam neles. Isto é, aquilo que chamamos de uma crítica **ao** processo.

Em razão desse posicionamento crítico, desenvolvemos os dois capítulos seguintes: um tratando das práticas da escrita, sua história e sua relação com a linguagem, chamando atenção para as diferenças históricas e geográficas, e outro apresentando as conseqüências na própria prática dos geneticistas.

O que se depreende desses dois capítulos é que nossa tarefa bascula constantemente entre um olhar para nossa prática crítica, hoje, e outro para a prática de escrita que analisamos. Embora simples de ser enunciada, essa questão é bastante complexa e está, por exemplo, na base de críticas feitas à própria arqueologia de Foucault. Para fins didáticos e tendo em vista sua configuração a partir do século XVIII, vamos distinguir três situações básicas da relação entre os manuscritos e os escritos publicados, isto é, entre os modos de produção e circulação ligados à recepção:

1. Quando os manuscritos estão relacionados a uma obra publicada. Essa é a ocorrência mais comum nos estudos genéticos, normalmente ligados à separação entre privado e público e à materialidade dos documentos (manuscritos e impressos ou, ainda, datiloscritos, impressos privados ou arquivos digitais e a versão publicada deles). Aqui vemos praticamente todos os casos que citamos, de Flaubert a Milton Hatoum. Nessa hipótese, é preciso muita atenção para não confundir o olhar do crítico com os modos de produção, circulação e recepção que configuram aquela escrita particular, que é diferente no século XIX e, por exemplo, na internet. Nossa proposta é trabalhar em uma dimensão intervalar, isto é, que se

compreendam as condições históricas de produção e as descontinuidades que essa produção coloca em jogo para o leitor.

2. Quando os manuscritos são encontrados e não há uma obra publicada, por exemplo, os manuscritos de Kafka ou de Fernando Pessoa. Aqui o trabalho do crítico será tanto o de fixar um texto para publicação (independentemente da vontade do autor: sabe-se que Kafka pediu expressamente que seus manuscritos fossem destruídos), estabelecendo um critério para determinar o estatuto literário dele, como também o de, eventualmente, publicá-lo com todos os movimentos de escrita, rasuras e hesitações nele contidos.

3. Quando os manuscritos são publicados pelos próprios autores ou as publicações trazem os traços pregnantes de seu processo de produção[1]. Nesse caso, o estatuto é completamente diferente: as marcas das práticas de produção passam a fazer parte das obras. Veja-se, por exemplo, que, na história da poesia européia, podemos visualizar um arco que se estende da reflexão sobre a própria poesia nos primeiros românticos alemães, passando pela *Filosofia da composição* de Edgar Allan Poe, pelos manifestos modernistas (que em boa parte tratam de definir parâmetros para os processos de produção), até chegarmos à publicação dos próprios manuscritos por Francis Ponge. Quanto ao romance, como procuramos mostrar, o próprio gênero se configura como *mímesis* do processo de produção[2]. Não por acaso, a radicalização dessa exposição do processo é contemporânea ao surgimento da crítica genética, que, portanto, responde a uma demanda da literatura[3].

▼ ▼ ▼ ▼ ▼

1. Os casos mais explícitos dessa hipótese foram tratados no capítulo a respeito do performativo.
2. Ver, a esse respeito, PINO, Claudia Amigo. *A ficção da escrita*, cit., primeiro capítulo.
3. Outros exemplos significativos seriam o *work in progress* de Pound e Joyce, as reflexões de Valéry, as regras de composição do grupo Oulipo.

Um vez esclarecidas essas situações básicas, o presente capítulo procurará desenvolver: 1) uma crítica ao anacronismo que por vezes paira sobre os estudos genéticos desatentos às configurações históricas, formais e ficcionais relacionadas aos modos de produção, circulação e recepção[4]; e 2) entender esse anacronismo, a aplicação de valores e conceitos contemporâneos a práticas que se baseiam em outros valores e conceitos, ajuda muito a entender a própria cultura contemporânea e um certo "culto" ao processo que, do *making of* às entrevistas, não pára de perguntar "como você produz?". Nossa crítica, portanto, se dará em dois níveis que entendemos fortemente imbricados. Longe de inviabilizar a crítica genética, essa postura implica radicalizá-la, seja pelo que ela dá a ver da cultura contemporânea e da literatura que lhe é correlata, seja por defendermos um distanciamento histórico que amplia suas possibilidades críticas.

A ressalva mais contundente que se pode fazer à crítica genética ocorre quando ela transforma o gosto pelo processo que lhe é contemporâneo em um critério supra-histórico que pode ser aplicado a qualquer escrita, em qualquer tempo. Como se ela tivesse uma varinha de condão que transformasse tudo em processo, conferindo o mesmo estatuto às obras publicadas e aos rascunhos de qualquer época; como se toda obra fizesse parte de um processo inacabado; ou como se a relação entre manuscritos e publicações fosse uma relação entre diversos mundos possíveis, sem nenhuma hierarquia ou configurações históricas e formais.

▼ ▼ ▼ ▼ ▼

4. No caso da crítica genética, esse anacronismo resulta em uma mudança na própria materialidade do texto que passa a circular junto com os manuscritos de trabalho. Aproveito esta nota para esclarecer que toda leitura, por princípio, é anacrônica. Mas achamos que há um exagero e muitas vezes uma falta de compreensão da ironia contida na "técnica do anacronismo deliberado e das atribuições errôneas" (como afirma o narrador de "Pierre Menard, autor do Quixote" de Borges), que leva a uma priorização da leitura que praticamente esquece a própria escrita.

É interessante notar como, no exemplo que demos de Petrarca, no segundo capítulo, Louis Hay sequer reflete sobre o fato de se tratar de um soneto. Ora, não é curioso que o mais antigo manuscrito de trabalho de que temos conhecimento esteja relacionado à construção de um poema em forma fixa? Não seria o caso de entender a relação entre o processo e a busca dessa constituição formal, além de como isso se relaciona com as condições históricas de circulação e recepção? Ampliando o foco, essa não seria uma das razões da dificuldade da crítica genética em lidar com a produção poética, que ocupa parte ínfima dos estudos genéticos?

Um caso flagrante dessa leitura anacrônica é a publicação dos cadernos de Valéry como se fossem sua grande "obra". Esses cadernos, escritos diariamente por mais de cinqüenta anos, entre 1894 e 1945, se constituíram de início pelo desejo de configuração de uma espécie de fenomenologia do funcionamento mental, com referências que iam da poética de Mallarmé ao tratado de eletromagnetismo de Maxwell. A impossibilidade de construção de um sistema dessas reflexões e ao mesmo tempo sua manutenção no horizonte de expectativa configurou um processo singular que se constitui pela constante ressignificação. Valéry construiu, assim, um espaço de escrita privado não sujeito a uma utilidade imediata e que se transformou em um "exercício espiritual". Por mais que ele tenha sempre manifestado o desejo de publicação desses cadernos[5], aos quais atribuía um valor inestimável, é importante ressaltar que – tal como se encontravam – eles não deveriam ser publicados. É preciso não confundir

▼ ▼ ▼ ▼ ▼

5. Uma das últimas tentativas feitas sob um viés temático serviu de base para a publicação de dois volumes da coleção La Pléiade da Gallimard. Uma edição mais completa dos cadernos está em andamento, sob a coordenação de Nicole Celeyrette-Pietri. Dispomos também de uma edição fac-similar da íntegra dos dois volumes.

o valor de uso desses cadernos com o valor que nós, críticos, atribuímos a eles, sob pena de perder a tensão de configuração que os anima e o espaço reflexivo próprio que possibilitou seu alcance[6] (ver figura 19).

Um gesto amplo de sentidos que problematiza essas questões e está na base das condições de possibilidade da crítica genética (ao lado da tradição filológica) foi a postura assumida por Victor Hugo quanto a seus manuscritos. Em seu primeiro "testamento literário" de 23 de setembro de 1875, ele deixa as seguintes determinações aos executores testamentários, em forte resistência à comercialização desses objetos:

> Eu os encarrego de publicar meus manuscritos da seguinte forma:
> Os ditos manuscritos podem ser classificados em três categorias:
> Primeiramente, as obras totalmente terminadas;
> Em segundo lugar, as obras começadas, terminadas em parte, mas não concluídas;
> Em terceiro os esboços, fragmentos, idéias esparsas, verso ou prosa, semeadas aqui e lá, seja nas minhas cadernetas, seja sobre folhas soltas.[7]

Nesse primeiro testamento, fica clara a posição de Hugo quanto ao valor desses manuscritos, não como "objetos", mas como importantes registros que deviam visar a "publicação". A proximidade da morte tornava manifesta a vontade de que esses projetos passassem adiante. Veja-se, no entanto, que não se trata de um culto ao "inacabado" nem ao processo de criação, mas quase um desejo de continuidade que de-

▼ ▼ ▼ ▼ ▼

6. Esse ponto aparece desenvolvido no primeiro capítulo de ZULAR, Roberto. *No limite do país fértil – os escritos de Paul Valéry entre 1894 e 1896*. Tese de doutorado. São Paulo: FFLCH/USP, 2001.
7. Apud GAUDON, Jean. "De la poésie au poème: remarques sur les manuscrits poétiques de Victor Hugo". In: *Genesis*, n.º 2. Paris: Jean-Michel Place, 1992, p. 81.

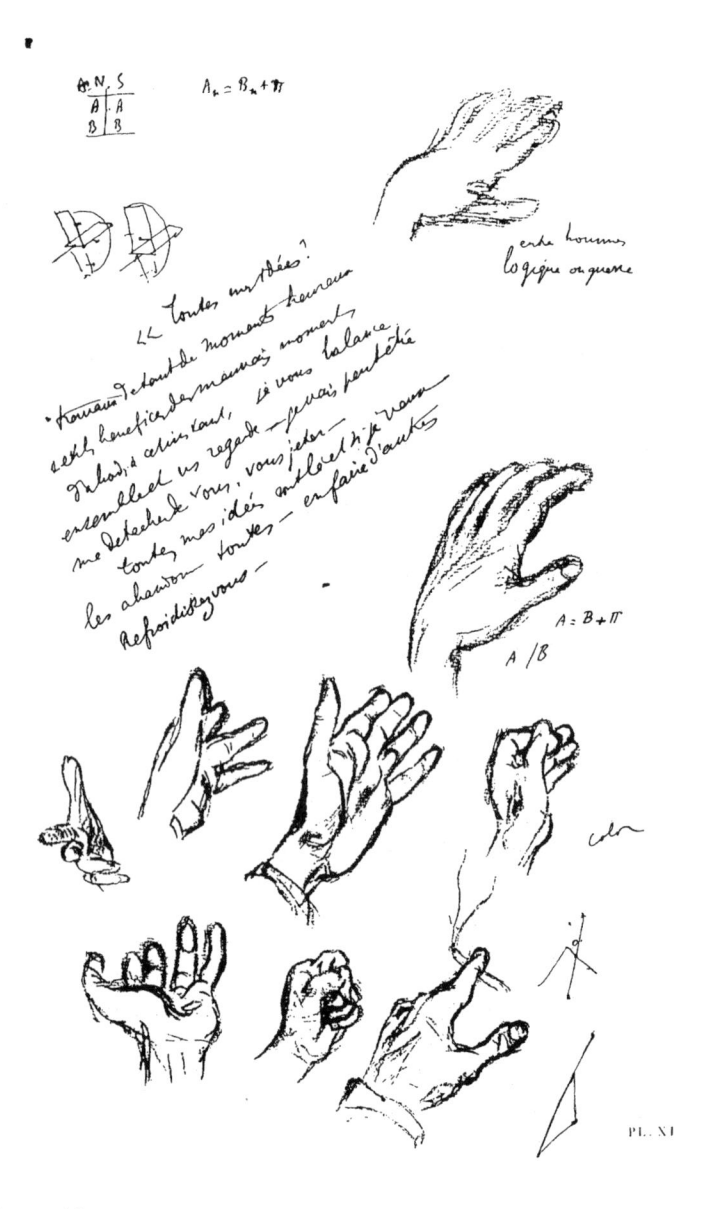

Figura 19. Uma das mais de vinte e cinco mil páginas dos cadernos de Paul Valéry contendo cálculos, desenhos e linguagem verbal.

veria respeitar os três critérios classificatórios. Hugo concebe uma visão formal de acabamento, e não um processo infinito, que lhe permite separar os manuscritos que são obras concluídas daqueles que não o são, e dá um estatuto diferente às idéias esparsas.

O gesto testamentário de Hugo muda radicalmente no testamento de 31 de agosto de 1881 (que restou como sua última vontade), no qual a direção testamentária de publicação se converte em uma doação à Biblioteca Nacional com um sentido político que ultrapassa os limites da nação:

> Eu dôo todos os meus manuscritos e tudo o que for encontrado escrito ou desenhado por mim à Biblioteca Nacional de Paris, que será um dia a Biblioteca dos Estados Unidos da Europa[8] (ver figura 20).

A radicalidade desse novo gesto nos obriga a pensar que o trato com os manuscritos envolve ao mesmo tempo um olho nos modos de circulação via publicação e outro nos modos de circulação via instituições, que dão o valor de "monumento" nacional ou transnacional aos manuscritos, com todas as conseqüências que vimos no primeiro capítulo.

Pleno de sentido também é o fato de Hugo não ter doado os manuscritos de trabalho, isto é, os que estão ligados à fatura de uma obra que ele entendia concluída. Esse fato revela uma concepção dos modos de configuração literária ligada às condições de produção, as quais não podem ser ignoradas pelo crítico que consultar seus manuscritos de trabalho posteriormente encontrados. Claro que não propomos "respeitar a última vontade do escritor", mas ignorar essa determinação histórica é perder a tensão que constitui o processo

▼ ▼ ▼ ▼ ▼

8. Id., ibid., p. 82.

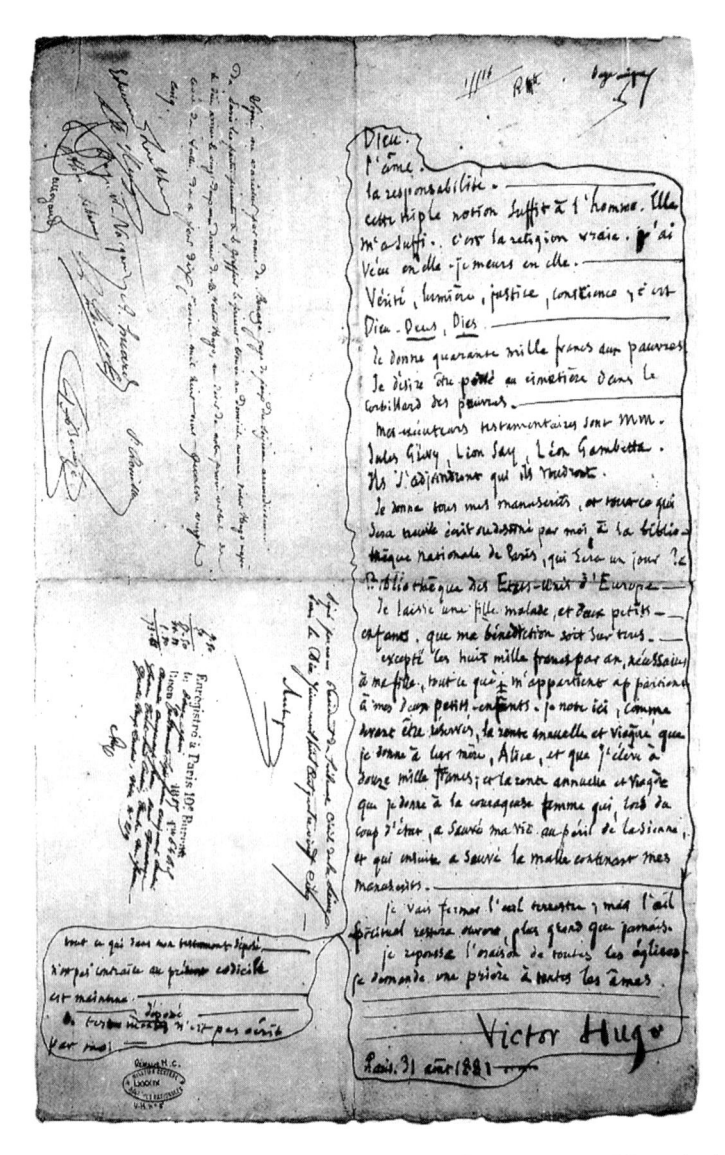

Figura 20. Manuscrito do segundo testamento de Victor Hugo. No meio da página lê-se "eu dôo todos os meus manuscritos e tudo o que for encontrado escrito ou desenhado por mim à Biblioteca Nacional de Paris, que será um dia a Biblioteca dos Estados Unidos da Europa".

e não perceber a visão que o próprio crítico atribui a esses documentos.

Essa dificuldade com a definição de critérios e a multiplicação excessiva de documentos que lhe é correlata está na base da crítica feita, em outro contexto, por Foucault:

> Quando se empreende por exemplo a publicação das obras de Nietzsche, onde é que se deve parar? Será com certeza preciso publicar tudo, mas que quer dizer este "tudo"? Tudo o que o próprio Nietzsche deixou sem dúvida. Os rascunhos de suas obras? Evidentemente. Os projetos de aforismos? Sim. As emendas, as notas de rodapé? Também. Mas quando, no interior de um caderno cheio de aforismos se encontra uma referência, uma indicação de um encontro ou de um endereço, um recibo de lavanderia: obra ou não? Mas por que não? E isto indefinidamente. Como definir uma obra entre os milhões de vestígios deixados por alguém depois da morte?[9]

Como entender essa proliferação da escrita? Não existem realmente critérios? Como a crítica genética participa dela?

2. A função-autor e a trama institucional de circulação dos manuscritos

Em um viés foucaultiano, a multiplicação dos manuscritos e dos documentos relativos à produção está relacionada a uma forte presença da noção de autoria. Louis Hay, em um artigo crucial ao desenvolvimento dos estudos genéticos, "O texto não existe"[10], defende o retorno da autoria aos estudos literários, já que é ela que garante a unidade da escritura e dos escritos, sobretudo quando se trata de manuscritos, que trazem a marca daquele que escreve. Ora, por que devemos ler o recibo da lavanderia? Porque é de Nietzsche.

▼ ▼ ▼ ▼ ▼

9. FOUCAULT, Michel. *O que é um autor?* Lisboa: Passagens, 1992, p. 38.
10. In: ZULAR, Roberto. *Criação em processo*, cit., pp. 29 ss.

Foucault, contudo, mostra que a questão não é tão simples. Na verdade, a noção moderna de autor é contemporânea daquela divisão entre privado e público, manuscritos e impressos, que se configura na passagem do século XVIII ao XIX. É no momento em que os textos passam a ser transgressores que se estabelece a possibilidade jurídica de punir "aqueles que escrevem obras", ou seja, aqueles que desavisadamente chamamos de autores. Portanto, a noção de autoria surge ligada às normas do direito penal, imputando a responsabilidade dos textos à pessoa física de seus autores e, por outro lado, às normas de direito civil (os então incipientes "direitos autorais"), garantindo-lhes os lucros advindos de sua propriedade intelectual[11]. Lembremos, de passagem, os processos sofridos por Baudelaire, por *As flores do mal*, e por Flaubert, em virtude de *Madame Bovary*. Em suma, a sujeição da obra a seu autor é um mecanismo repressivo de controle e não apenas um formato biográfico da crítica literária.

Inicialmente, é preciso constatar que a unidade de um texto faz referência a um conjunto de escritos associado a um autor, isto é, um "nome que permite reagrupar um certo número de textos, delimitá-los, selecioná-los, opô-los a outros textos"[12]. Mais do que isso, o nome que vai ligado ao texto ou

▼ ▼ ▼ ▼ ▼

11. Foucault vai ainda mais longe e mostra como o regime de propriedade produz polaridades entre o lícito e o ilícito, o religioso e o blasfemo: "Assim que se instaurou um regime de propriedade para os textos, assim que se promulgaram regras estritas sobre os direitos de autor, sobre as relações autores–editores, sobre os direitos de reprodução etc. – isto é, no final do século XVIII e no início do século XIX –, foi nesse momento que a possibilidade de transgressão própria do ato de escrever adquiriu progressivamente a aura de um imperativo típico da literatura. Como se o autor, a partir do momento em que foi integrado no sistema de propriedade que caracteriza a nossa sociedade, compensasse o estatuto de que passou a auferir com o retomar do velho campo bipolar do discurso, praticando sistematicamente a transgressão, restaurando o risco de uma escrita à qual, no entanto, fossem garantidos os benefícios da propriedade" (*O que é um autor?*, cit., pp. 47-8).
12. Id., ibid., p. 45.

obra, e mesmo ao processo de escrita, determina uma maneira como esse texto deve ser recebido, dota-o de certo estatuto. Mesmo no campo da crítica genética, veja-se que até hoje há uma predominância quase exclusiva do estudo de autores consagrados, ligando esses nomes a seus processos e amortecendo assim o peso crítico de redefinição do cânone que parecia estar potencialmente nas formulações desse novo objeto proposto pelos geneticistas.

Voltando a Foucault, que exacerba uma posição nominalista com relação à autoria, a "função-autor" é um dispositivo que caracteriza o modo pelo qual os discursos existem, circulam e funcionam em uma sociedade. Vale a pena ler o resumo que o próprio Foucault faz das características básicas da função-autor, seu estatuto jurídico, sua aplicação diversa a diferentes discursos (o autor da resolução de um problema matemático não desempenha o mesmo papel que o autor de um poema), a complexa operação que leva a configurar um autor com relação a um texto e as várias posições que podem ser ocupadas e estão implicadas em sua função:

> Resumi-lo-ei assim: a função-autor está ligada ao sistema jurídico e institucional que encerra, determina, articula o universo dos discursos; não se exerce uniformemente e da mesma maneira sobre todos os discursos, em todas as épocas e em todas as formas de civilização[13]; não se define pela atribuição espontânea de um discurso ao seu produtor, mas através de uma série de operações específicas e complexas: não reenvia pura e simplesmente a um indivíduo real; podendo dar lugar a vários "eus" em simultâneo, a várias posições-sujeitos que classes diferentes de indivíduos podem ocupar.[14]

▼ ▼ ▼ ▼ ▼

13. O que nos obriga a repensar, no mínimo, as histórias literárias que, da Grécia à pós-modernidade, passando pela Idade Média e pelo barroco, aplicam aos textos o mesmo estatuto autoral.
14. Id., ibid., pp. 56-7.

Um exemplo ilustrativo da validade dessa crítica foucaultiana pode ser visto na produção de *A terra desolada*, de T. S. Eliot, com as intervenções drásticas de Ezra Pound, quase todas acatadas por Eliot e que transformaram significativamente o poema (ver figura 21). Como fica a noção de autor como uma unidade orgânica e psicológica de criação?

Como voltaremos às questões relativas à função-autor adiante, por ora é importante notar que ela tem a grande vantagem de mostrar a trama institucional que traz um texto ou um manuscrito até nós, isto é: a escrita não circula no vazio, ela opera dentro de um rol de instituições que por sua vez dependem de um processo de "arquivamento do eu", que Reinaldo Marques retoma a Philippe Artières: desde a inscrição nos registros civis, fichas etc., passando pela organização de documentos pessoais (sejam diários ou documentos), até a construção de uma imagem íntima de si mesmo, pois "o arquivamento do eu é uma prática de construção de si mesmo e de resistência"[15].

A formação e a organização de arquivos pessoais e institucionais, constituídos por um arquivista, longe de ser um processo impessoal e objetivo, estão repletas de conseqüências e acabam em boa medida por determinar a forma de acesso e leitura dos documentos. Daí a necessidade, hoje, de uma forma menos hierárquica e centralizadora e mais aberta, "desconstruindo a intenção que totalizou o arquivo, e desvelando o seu caráter de universo fragmentário, de artifício, de construção social [...]"[16].

Existe, portanto, uma rede social bastante complexa que possibilita o arquivamento e a circulação de determinados do-

▼ ▼ ▼ ▼ ▼

15. MARQUES, Reinaldo. "O arquivamento do escritor". In: SOUZA, Eneida Maria de. *Arquivos literários*, cit., p. 147.
16. Id., ibid., p. 153.

HE DO THE POLICE IN DIFFERENT VOICES: Part II.

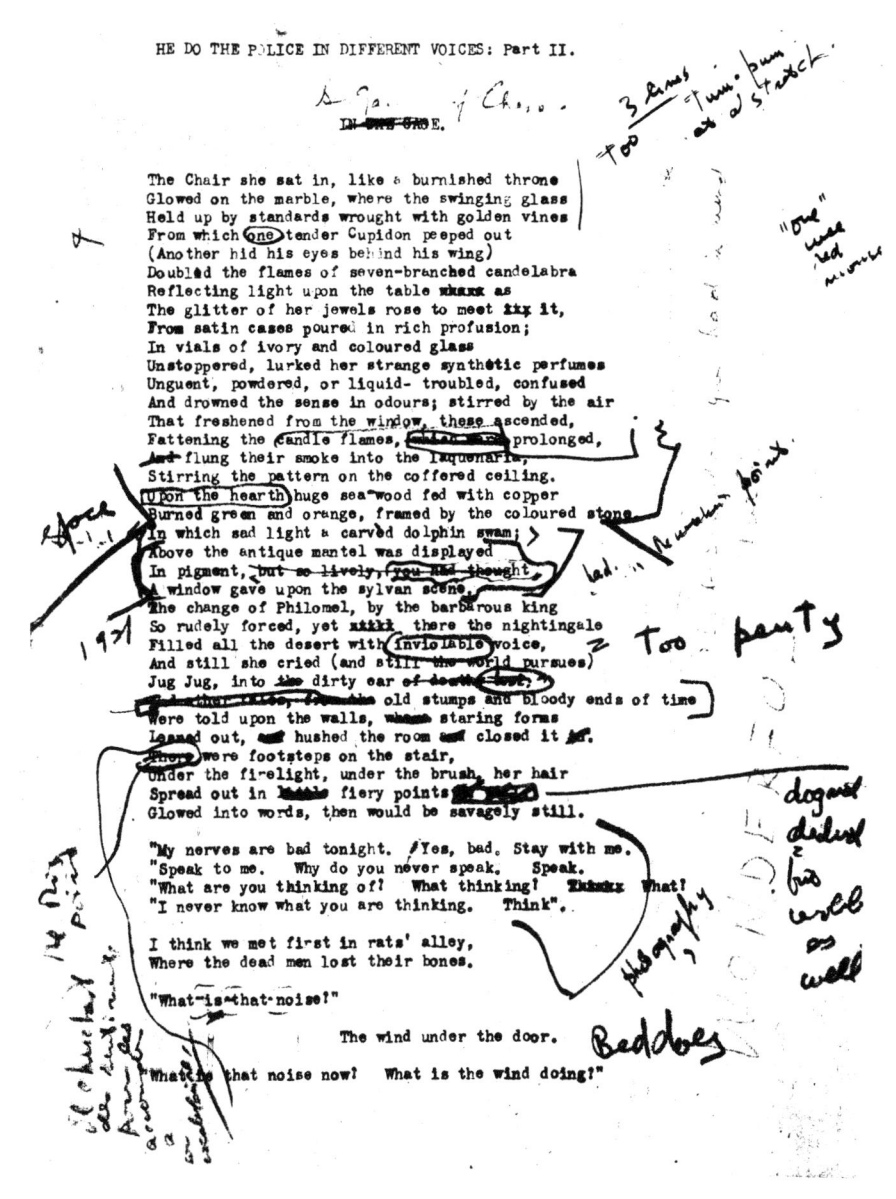

IN THE CAGE.

The Chair she sat in, like a burnished throne
Glowed on the marble, where the swinging glass
Held up by standards wrought with golden vines
From which one tender Cupidon peeped out
(Another hid his eyes behind his wing)
Doubled the flames of seven-branched candelabra
Reflecting light upon the table as
The glitter of her jewels rose to meet it,
From satin cases poured in rich profusion;
In vials of ivory and coloured glass
Unstoppered, lurked her strange synthetic perfumes
Unguent, powdered, or liquid- troubled, confused
And drowned the sense in odours; stirred by the air
That freshened from the window, these ascended,
Fattening the candle flames, prolonged,
And flung their smoke into the laquenaria,
Stirring the pattern on the coffered ceiling.
Upon the hearth huge sea-wood fed with copper
Burned green and orange, framed by the coloured stone
In which sad light a carved dolphin swam;
Above the antique mantel was displayed
In pigment, but so lively, you had thought,
A window gave upon the sylvan scene
The change of Philomel, by the barbarous king
So rudely forced, yet there the nightingale
Filled all the desert with inviolable voice,
And still she cried (and still the world pursues)
Jug Jug, into the dirty ear of death lust;
old stumps and bloody ends of time
Were told upon the walls, where staring forms
Leaned out, and hushed the room and closed it in.
There were footsteps on the stair,
Under the firelight, under the brush, her hair
Spread out in little fiery points
Glowed into words, then would be savagely still.

"My nerves are bad tonight. Yes, bad. Stay with me.
"Speak to me. Why do you never speak. Speak.
"What are you thinking of? What thinking? What?
"I never know what you are thinking. Think".

I think we met first in rats' alley,
Where the dead men lost their bones.

"What is that noise?"

            The wind under the door.

"What is that noise now? What is the wind doing?"

Figura 21. Página datiloscrita de *A terra desolada*, de T. S. Eliot, com as intervenções manuscríticas de Ezra Pound.

cumentos, desde o arquivo pessoal ou institucional até a transcrição e a publicação de manuscritos ou mesmo de edições críticas embasadas nesses documentos. As operações que constituem essa rede não são neutras, como mais uma vez esclarece Foucault, articulando a relação entre saber e poder:

> Nenhum saber se forma sem um sistema de comunicação, de registro, de acumulação, de deslocamento, que é em si mesmo uma forma de poder, e que está ligado, em sua existência e em seu funcionamento, às outras formas de poder. Nenhum poder, em compensação, se exerce sem a extração, a apropriação, a distribuição ou a retenção de um saber. Neste nível, não há o conhecimento, de um lado, e a sociedade, do outro, ou a ciência e o Estado, mas as formas fundamentais do "poder-saber".[17]

A posse ou o acesso a determinados documentos acaba por privilegiar alguns pesquisadores ou instituições, o que só pode ser superado por sua publicação maciça, em sua materialidade própria, sem a qual sempre se poderá levantar contra a crítica genética a bandeira do texto único que possibilitava um jogo democrático entre os vários leitores que utilizavam diferentes ferramentas críticas para analisar "um e único texto". Por outro lado, retornamos às mesmas questões: Qual o limite do que deve ser publicado? Pode o pesquisador publicar tudo? Não há nenhum limite ético?

3. Impasses e possibilidades

O círculo em que entramos, partindo de uma pergunta e voltando a ela, decorre dos próprios limites da arqueologia de Foucault: não há como, a partir dos próprios discursos e dos

▼▼▼▼▼

17. FOUCAULT, Michel. *Resumo dos cursos do Collège de France (1970-1982)*. Rio de Janeiro: Zahar, 1997, pp. 19-20.

documentos, conhecer as regras que regulam seu funcionamento. Da mesma forma, a crítica genética tradicional pensa os processos de criação como a soma de procedimentos que determinam a produção de uma obra ou que a integram. Ocorre que esses procedimentos que estão "por trás" da obra, ou nela, não são auto-explicativos.

Os manuscritos ou documentos relativos à produção não garantem, por si mesmos, uma cientificidade, nem é possível apenas a partir deles conhecer as regras que regulam uma produção. Daí por que, para fugir da aporia, é preciso dar um passo adiante e compreender as práticas e o uso que se faz da escrita e suas contingências históricas. Essas práticas, neste capítulo, nos levaram a pensar dois modos de circulação dos documentos relativos à produção: a função-autor e o campo institucional.

Quando nos perguntamos acerca dos critérios que nos fariam selecionar os manuscritos, fomos levados ao dispositivo da função-autor. Mas, se continuarmos seguindo o Foucault de *A arqueologia do saber* e de *O que é um autor?*, ficaremos presos a uma função vazia, e facilmente substituiríamos o autor por uma posição a ser ocupada pelo leitor. Nesse caso, toda a maquinaria da produção perderia sua especificidade histórica e a própria dimensão empírica do sujeito. Por outro lado, não é mais possível voltar a uma atitude ingênua com relação à autoria: ao publicar manuscritos, é evidente que o crítico se vale da função-autor e altera completamente a recepção deles.

A resposta mais contundente a esse problema tem sido construída há tempos por Philippe Willemart[18]. Ele considera que existe um movimento contínuo entre várias camadas que se retroalimentam: escritor, *scriptor*, narrador e autor. Assim,

▼ ▼ ▼ ▼ ▼

18. *Universo da criação literária*, cit.

o escritor empírico, aquele que realiza as práticas, é subsumido por uma instância em que prepondera a escritura e que determina de fora os caminhos (o *scriptor*), passando pelo foco de um narrador e dependendo do olhar constante do autor no sentido dado por Willemart – primeiro leitor, não esqueçamos –, que admite os efeitos produzidos, concluindo as várias etapas até a efetiva publicação, posição esta que pode ser ocupada por outro sujeito. Dessa forma, Willemart respeita e integra num espaço de relações a figura empírica do escritor (ligada à experiência, às formas de percepção), uma instância determinada pelo jogo com a linguagem; outra – de grande importância para o que propomos –, a construção ficcional de um narrador ou sujeito poético, em que o imaginário é fundamental e as situações de enunciação respondem a situações construídas ficcionalmente; e, por fim, a instância da autoria no interior do processo, à qual acrescentaríamos uma instância exterior, isto é, a função-autor.

Ao lado dessas funções, vimos que Foucault chama a atenção para a intrigante instância de enunciação dos documentos que está ligada ao campo institucional. Essas análises de Foucault são extremamente reveladoras e nos permitem entender as condições históricas de possibilidade de circulação de determinados documentos e o uso que se faz deles. São ferramentas indispensáveis para pensarmos **como** se pôde constituir um conhecimento sobre os manuscritos, conhecimento esse que se preocupa, por sua vez, com a pergunta: como o escritor escreveu?

Toda a nossa crítica ao processo procurou mostrar que este "como" do processo de criação está tão distante do próprio "processo" e do conhecimento de seu "autor" como o conhecimento da obra publicada. Não é porque se refere a uma obra que o processo explica-se por si mesmo. Há aí também uma estratégia de leitura. Para Almuth Grésillon, a crítica genética se constituiu como uma "réplica à estética da *recepção* ao definir eixos de leitura para o ato de *produção*"[19] (grifos nossos) e, como em reiterados textos defende, esses eixos são extremamente úteis para a leitura de muitos textos publicados que progressivamente foram incorporando mais e mais as marcas de sua produção, até o gesto já tantas vezes citado de Francis Ponge ao publicar seus próprios manuscritos. Também para Hans Robert Jauss[20], a natureza intrínseca da prática dos geneticistas comprova a relação dialética entre produção e recepção.

No que insistimos, contudo, é que essa relação não pode ser compreendida como uma leitura anacrônica do processo tal qual ironicamente constituída no conto "Pierre Ménard, autor do Quixote" de Borges; como se entre o leitor contemporâneo e o autor não tivesse ocorrido um número infindável de mediações: as condições de produção, circulação e recepção, o arquivamento pelo escritor ou por outrem, a trama institucional, o "valor" atribuído ao autor, a construção do narrador, das personagens, e tantas outras[21]. Há uma assimetria irredutível entre os processos de produção e os de recepção. Nas palavras de Luiz Costa Lima:

> Assim a perspectiva do narrador se divide em perspectiva do autor e do narrador, a perspectiva desse protagonista se choca com a do outro etc. Nenhuma delas é capaz de conter o objeto estético do texto. É o leitor que terá de combiná-las. Não que sua atividade assim se torne arbitrária ou apenas pessoal. A carência de sentido que a obra literária traz consigo se atualiza em um paradoxo: **a atualização do efeito nem está previamente dada, nem é arbitrária.**

▼ ▼ ▼ ▼ ▼

19. GRÉSILLON, Almuth. "Devagar: obras". In: ZULAR, Roberto. *Criação em processo*, cit., p. 147.
20. JAUSS, Hans Robert. "Production et réception: le mythe des frères ennemis". In: HAY, Louis (org.). *La naissance du texte*, cit.
21. Mesmo quando se trata de autores vivos, não há dúvida de que um estudo dos manuscritos confere um estatuto de "autor", agrega valor à obra.

Por isso a interpretação – a doação de sentido – tanto varia historicamente, como mantém, em cada momento histórico, uma certa semelhança interna.[22] (Grifo nosso.)

No caso do trato com os manuscritos, entre as diversas mediações operadas na construção do sentido, certamente uma das mais pregnantes é o impacto da obra publicada, já que, como sugere Philippe Willemart, "o geneticista deveria adotar a perspectiva psicanalítica e pesquisar o manuscrito não historicamente como se houvesse uma evolução linear, mas a partir da versão publicada, que imprime sua lógica ao que vem antes"[23]. Essa postura é condizente com a dinâmica das instâncias e exige que o leitor não ocupe simplesmente o papel do autor, mas que entre no jogo ficcional, imagine as situações de enunciação, perscrute as tensões em que elas ganham forma.

Mas será possível entender esses movimentos restringindo a pesquisa apenas aos documentos? Essa nova pergunta está relacionada a uma grande inflexão na obra de Foucault, apontada antes, que diz respeito às relações de poder que se imiscuem nos discursos que ele denominou "genealogia do poder". Questionar o processo de produção pede que o relacionemos com o que está fora dele. E não se trata apenas de relacioná-los às práticas e às instituições, mas de entender a relação que mantêm com o poder (a política), a sociedade e a economia. Não se trata, pois, de pensar as causas, mas de alargar o campo de relações.

Para Roberto Machado, "o que faz a genealogia é considerar o saber – compreendido como materialidade, como

▼ ▼ ▼ ▼ ▼

22. LIMA, Luiz Costa. In: ISER, Wolfgang. *O ato da leitura*. São Paulo: Editora 34, 1999, orelha do livro.
23. WILLEMART, Philippe. "A escritura literária". In: ZULAR, Roberto. *Criação em processo*, cit., p. 88.

prática, como acontecimento – como uma peça de um dispositivo político que, enquanto dispositivo, se articula com a estrutura econômica"[24].

Essas questões, com uma enorme diferença de postura teórica e crítica, não são estranhas àquelas da teoria crítica que passaremos a analisar. Trata-se de outro modo de conceber esses problemas e que não poderia deixar de ser abordado nesta introdução. Cremos, contudo, que a percepção das práticas permite vê-las a partir de outro lugar.

4. Teoria crítica e processo de produção

Antes de tratarmos dos autores da chamada Escola de Frankfurt, lembremos que as práticas de produção, circulação e recepção têm sido a marca da obra crítica de Antonio Candido, ao menos desde a *Formação da literatura brasileira*. Embora se valendo de conceitos de produtor, receptor e "mecanismo transmissor" que precisam ser questionados dentro do que vimos até aqui, Candido enfatiza a inter-relação entre essas instâncias da prática literária para a formação de um sistema que ele define como "a existência de um conjunto de produtores literários, mais ou menos conscientes do seu papel; um conjunto de receptores formado de diferentes tipos de público, sem os quais a obra não vive; um mecanismo transmissor, de modo geral uma linguagem traduzida em estilos, que liga uns aos outros"[25]. Segundo Candido, a configuração desse sistema se processa a partir do final do século XVIII, tendo como norte o desejo de produtores e receptores (e aqui é importante frisar o plural) de fazer lite-

▼ ▼ ▼ ▼

24. MACHADO, Roberto. *Ciência e saber: a trajetória da arqueologia de Michel Foucault*, cit., p. 198.
25. Op. cit., p. 23.

ratura brasileira. Como expusemos antes, não se pode afirmar que essa configuração seja tardia ou caracteristicamente brasileira, pois as próprias noções de que se vale e também a idéia de literatura como conjunto de escritos públicos e assinados configuram-se a partir desse século.

De maneira mais teórica, e também mais sociológica, Antonio Candido volta a esse ponto em "Literatura e vida social"[26], em que, ao lado de precisões terminológicas e de movimentos mais sutis, reitera-se a necessidade de compreensão da literatura como atividade humana e como atividade necessariamente social e, como já aparecia na *Formação*, enfatiza a produção de efeito, ou seja, a consideração da recepção como elemento indissociável desse processo. O que se passa a problematizar cada vez mais é a relação entre o aspecto social dessa atividade e a configuração formal própria da arte (que mais tarde assumiriam novas configurações em ensaios como "Dialética da malandragem" e "De cortiço a cortiço"[27]).

Em um contexto bastante diferente, o problema é apresentado por Walter Benjamin em "O autor como produtor", que procura mostrar a falsa dicotomia entre tendência política e forma estética. A questão-chave apresentada por Benjamin implicaria uma superação dessa oposição, pois se trata de entender o modo pelo qual o escritor se relaciona com as formas sociais de produção, e, de maneira mais específica, o modo pelo qual se situa dentro dessas relações. Essa pergunta "visa imediatamente a função exercida pela obra no interior das relações literárias de produção de uma época"[28], o que está

▼ ▼ ▼ ▼ ▼

26. CANDIDO, Antonio. "Literatura e vida social". In: *Literatura e sociedade*. São Paulo: Nacional, 1967.
27. Ambos publicados em *O discurso e a cidade*. São Paulo: Duas Cidades, 1993.
28. BENJAMIN, Walter. "O autor como produtor". In: *Magia e técnica, arte e política*. São Paulo: Brasiliense, 1994.

relacionado à própria técnica literária e às mudanças da função do leitor.

Essa posição no processo produtivo – que implica questões técnicas – passa pela mediação dos meios de circulação (o exemplo mais contundente dado por Benjamin é o jornal) e desemboca no conceito brechtiano de "refuncionalização": uma utilização progressista, a serviço da luta de classes, das formas e dos instrumentos de produção. Veja-se que aqui se propõe o mesmo problema levantado por Certeau, mas visto sob outro ponto de vista. Enquanto Certeau enfatiza a possibilidade de crítica no interior do sistema (aquilo que ele chama de *tática*, em oposição a *estratégia*, que exige uma transformação do próprio sistema), Benjamin aponta para a necessidade de um redimensionamento dessas relações, o que envolve questões relativas à estrutura de classes da sociedade: se todo aquele que escreve – como tratamos no segundo capítulo – está inserido no projeto burguês de "educação universal" e os meios estão ocupados pelo modo de funcionamento capitalista, para ser revolucionário todo escritor tem de ser "um traidor de classe". Claro que essa postura só pode ser compreendida se pensarmos no contexto histórico, como esclarece Terry Eagleton referindo-se a Benjamin: "Na república de Weimar, o movimento da classe trabalhadora não era apenas uma formidável força política; estava também equipado com teatros, corais, clubes e jornais, centros de lazer e foros sociais próprios"[29].

Essa problemática se configura formalmente nos escritos de Benjamin, o que não seria possível demonstrar em face dos limites deste livro, cujo tema, a crítica genética, no entanto, permite selecionar um esclarecedor exemplo de

▼▼▼▼▼

29. EAGLETON, Terry. *A função da crítica*. São Paulo: Martins Fontes, 1991, p. 104.

Charles Baudelaire – um lírico no auge do capitalismo[30]. Benjamin ressalta o uso que Baudelaire faz da tensão, do choque entre as formas clássicas e as imagens passageiras, o antigo e o moderno, o eterno e o evanescente, introduzindo o choque – próprio da experiência urbana decorrente do desenvolvimento do capitalismo – no interior das formas de produção da poesia em voga na Paris de meados do século XIX (só mais tarde Baudelaire buscaria um questionamento formal dessa tensão em seus famosos "poemas em prosa"). Interessante ver como Benjamin capta a radicalização desse procedimento numa visada totalmente genética, analisando as sucessivas versões de "O vinho dos trapeiros", de *As flores do mal*:

> É fascinante acompanhar como a rebelião vagarosamente abre caminho nas diferentes versões dos versos conclusivos do poema. Na primeira versão diziam:
>
> "É assim que o vinho reina por seus benefícios,
> E canta suas façanhas pela goela do homem.
> Grandeza da bondade daquele que tudo batiza,
> Que já nos dera o doce sono,
> E quis ajuntar o vinho, filho do Sol,
> Para esquentar o coração e acalmar o sofrimento,
> De todos esses infelizes que morrem em silêncio"
>
> Em 1852, diziam:
>
> "Para amansar o coração e aclamar o sofrimento
> De todos esses inocentes que morrem em silêncio
> Deus já lhes dera o sono;
> Ajuntou o vinho, filho sagrado do Sol"

▼ ▼ ▼ ▼ ▼

30. São Paulo: Brasiliense, 1994.

Por fim, soam em 1857 com uma mudança radical de sentido:

"E para o ódio afogar e o ócio ir entretendo
Desses malditos que em silêncio vão morrendo,
Em seu remorso Deus o sono havia criado:
O homem o Vinho fez, do Sol filho sagrado!"

Percebe-se nitidamente como a estrofe só encontra sua forma mais segura com o conteúdo blasfemo.[31]

Veja-se, nesse exemplo, como as mudanças operadas por Baudelaire são trabalhadas no contexto das relações da escrita com os movimentos sociais revolucionários. Essa "rebelião" vai se incrustando na estrutura do poema, operando sua revolta por meio de um ataque blasfemo que mistura o caráter sacro do vinho ao mundano vinho dos trapeiros. Primeiramente, Deus criara o sono e o vinho. No final, o homem se apropria da criação – como o artista de seus meios – e Deus agora só cria, em seu remorso, o sono: o vinho é criação dos homens para afogar o ódio.

Pensando em termos de crítica genética, trata-se aqui de um viés de leitura claramente assumido – por mais que se possa discordar dele –, historicamente pautado tanto por questões relativas ao contexto baudelairiano quanto por questões relevantes para a prática crítica do próprio Benjamin (o momento de escrita do ensaio), e que se configura formalmente no próprio ensaio. Benjamin não se restringe a apontar as mudanças, flagra as contradições e os conflitos[32].

▼ ▼ ▼ ▼ ▼

31. Id., ibid., nota, pp. 17-8.
32. Além disso, as análises de Benjamin em "A obra de arte na era de sua reprodutibilidade técnica" (in: *Magia e técnica, arte e política*, cit., pp. 165 ss.) nos levam a questionar o quanto a crítica genética não esbarra a todo momento na busca de uma "aura" perdida da literatura e que seria resgatada pelo manuscrito único e singular. A crítica a esse caráter aurático também é parte de uma crítica ao processo.

Traçando outros caminhos muitas vezes opostos ao de Benjamin, Theodor Adorno também considera relevantes as operações de escrita como a rasura e a reflexão sobre o processo. Para Adorno, na dialética em que o máximo da realização da subjetividade é configurar-se em algo de objetivo, a rasura é vista como o aspecto social da criação, como um traço que permite a inserção do social no processo que assim se configura para algo além dele mesmo: "A realização do específico pressupõe sempre qualidades que são adquiridas para lá dos limites da especificação; apenas os diletantes confundem a *tabula rasa* com a originalidade."[33]

Na tensão com o material em que se configura a técnica, a arte é uma estranha espécie de artesanato crítico na medida em que implica "uma livre disposição dos meios pela consciência"[34], a necessidade inescapável da reflexão sobre o próprio fazer. Nas palavras de Tânia Pellegrini, para Adorno, "a técnica na indústria cultural é idêntica à técnica nas obras de arte apenas no nome. Nesta, ela se refere à organização interna do próprio objeto, à sua própria lógica. Já a técnica na indústria cultural é a da distribuição e reprodução mecânica, portanto, externa ao texto"[35]. Esse processo, contudo, como falamos, tende para a objetividade:

> O *totum* das forças investidas na obra de arte, aparentemente algo de subjetivo apenas, é a presença potencial do coletivo na obra, em proporção com as forças produtivas disponíveis: contém a mônada sem janelas. **É o que se manifesta de maneira mais drástica nas correções críticas do artista. Em cada melhoramento, a que se vê obrigado, freqüentemente em conflito com**

▼ ▼ ▼ ▼ ▼

33. ADORNO, Theodor. *Teoria estética*. Lisboa: Edições 70, 1982, p. 68.
34. Id., ibid., p. 241.
35. PELLEGRINI, Tânia. *A imagem e a letra. Aspectos da ficção brasileira contemporânea*. São Paulo: Mercado de Letras, 1999.

o que ele considera o primeiro impulso, trabalha ele como agente da sociedade, indiferente quanto à consciência desta.[36] (Grifo nosso.)

Vê-se daí por que, em sua *Teoria estética*, Adorno enfatiza a relação entre o processo e o funcionamento total da sociedade, ainda que de maneira negativa: "A arte é a antítese social da sociedade." Sua dialética negativa permite pensar em conjunto – dialeticamente – o processo de produção e aquilo que está fora dele. O processo se insere nos modos de produção específicos da arte e suas condicionantes internas, e, nessa recusa que sua autonomia permite, a própria sociedade é posta em jogo. No grau de desenvolvimento da economia capitalista em que se produz uma acentuada divisão social do trabalho, a resistência à especialização se opera pela autonomia do processo possibilitada por essa mesma divisão. A cisão estabelece a aproximação, e as tensões e contradições configuram o processo e a relação entre o próprio processo e o que está fora dele.

Daí por que, retomando a questão, Roberto Schwarz mostra que, mesmo quando se pensa na prosa realista, a realidade não é um ponto de partida do escritor – como os estudos sociais realizados por Zola –, mas o realismo é resultante de um processo complexo de busca formal:

> A inspiração materialista de nosso trabalho não deve ter escapado ao leitor. O caminho que tomamos entretanto vai na direção contrária do habitual. Ao invés do artista aprisionado em constrangimentos sociais, de que não pode fugir, mostramos seu esforço metódico e inteligente para captá-los, chegar-se a eles, lhes perceber a implicação e os assimilar como condicionantes da escrita à qual confere ossatura e pesos *reais*. A prosa disciplinada pela história é o ponto

▼ ▼ ▼ ▼ ▼

36. Id., ibid., p. 68.

de chegada do grande escritor, e não o ponto de partida, este sempre desfibrado, na sociedade moderna, pela contingência e o isolamento do indivíduo."[37]

A crítica genética, numa visada materialista, pode ajudar muito na compreensão crítica do processo entre o ponto de partida e o ponto de chegada e o modo pelo qual, na constituição formal, "o procedimento artístico se coloca deliberadamente a descoberto, como parte, ele próprio, do que esteja em questão"[38].

Uma última nota antes de deixarmos estas breves anotações sobre a teoria crítica. Um texto crucial no momento atual da crítica genética é "O ensaio como forma"[39], de Adorno, uma vez que a massa documental com que costumamos trabalhar comumente nos leva a uma mera descrição deles, retirando na apresentação que fazemos a veia crítica que nos obrigaria a trabalhar formalmente, em nossos próprios escritos críticos, as tensões que o processo traz à tona.

5. Retomando a crítica ao processo

> *Penso que é sempre necessário um trabalho*
> *sobre os nossos limites, isto é,*
> *um trabalho paciente*
> *que dá forma à impaciência da liberdade.*
>
> Michel Foucault[40]

Essa tomada de posição de Benjamin e Adorno, pensada como prática crítica de quem trabalha com questões relativas

▼▼▼▼▼

37. SCHWARZ, Roberto. *Um mestre na periferia do capitalismo – Machado de Assis*. São Paulo: Duas Cidades, 1991, p. 225.
38. Id., ibid., p. 226.
39. ADORNO, Theodor. "O ensaio como forma". In: *Notas de literatura I*. São Paulo: Duas Cidades, 2003, pp. 15-46.
40. "Qu'est-ce que les lumières". *Magazine Littéraire*, n.º 309, abr. 1993, p. 73.

à produção e sua inter-relação com modos de circulação e recepção, toca em uma questão relevante na cultura contemporânea: a da proliferação dos processos. Essa proliferação ganha muitas vezes contornos pouco críticos, como quando associada aos meios digitais, que, na visão otimista de Pierre Lévy, possibilitam "[...] o hipertexto global, o metamundo virtual em metamorfose perpétua, o fluxo musical ou icônico na enchente. Cada um chamado a tornar-se o operador singular, qualitativamente diferente, na transformação do hiperdocumento universal e intotalizável"[41].

À parte os exageros de Lévy, não há dúvida de que vivemos uma brusca mudança no regime de produção e circulação de textos que se imiscuem uns nos outros e sobre si mesmos sem possibilidade de totalização. Essa transformação não é estranha ao que vemos nos manuscritos: as múltiplas possibilidades, os infinitos espaços, as rasuras, as repetições, transformações ininterruptas, a escrita em constante devir... Contudo, aceito esse paralelo entre a cultura contemporânea e a crítica genética, não nos parece que seja o caso de venerar essas características, ao contrário, seria antes o caso de lê-las pelo viés da crítica ao processo. Isto é, se não tomarmos essa proliferação e multiplicidade como um valor em si, caberia à crítica questioná-las, perscrutar suas falácias e seu potencial efetivo.

Nesse sentido, não basta afirmar que se trata de uma escrita não linear, não totalizável, não homogênea etc. Como nos melhores momentos dos estudos genéticos, trata-se de buscar **novas formas de inteligibilidade**.

▼ ▼ ▼ ▼

41. LÉVY, Pierre. *Cibercultura*. São Paulo: Editora 34, 1999, p. 149. Embora estejamos de acordo com Lévy quanto à revolução operada pelas mídias digitais no campo da escrita/leitura, tornando-as até quase indiscerníveis, parece-nos que ele confunde essa característica do modo de produção/circulação/recepção com a configuração formal de uma arte cibernética.

Philippe Willemart, amparado em inúmeras teorias, propõe que essas formas de inteligibilidade sejam como filtros que funcionem aliados intimamente à matéria. A forma não é uma possibilidade em um mundo ideal ou virtual, mas um modo de auto-organização dos materiais (frases, palavras, ritmos, pensamentos, regras, programas, imagens, conceitos, tintas, etc.)[42]. Daí por que, nesse viés ligado à matéria, os manuscritos tenham tanta importância[43].

Tudo o que trabalhamos neste livro está ligado a essa busca de inteligibilidade e de leitura crítica do processo: seja pela elaboração de uma teoria das práticas de escrita e da própria prática dos geneticistas, seja pela ênfase na historicidade dos modos de produção, circulação e recepção, ou ainda na visão performativa da linguagem e na operação sobre as descontinuidades que os manuscritos dão a ver.

Importante frisar que essa ênfase na busca de inteligibilidade e, como veremos, na questão dos limites, inclusive éticos, pauta-se na percepção de que a exposição bruta do processo, como a exposição do corpo, está ligada àquilo que Foucault desenvolve em "A vontade de saber", primeiro volume da *História da sexualidade*[44]: as formas de controle na sociedade contemporânea não operam mais de um modo repressivo (que diz "não faça"), mas de um modo insidioso que diz "mostre-se", "exponha-se", para que o controle seja mais efetivo.

▼ ▼ ▼ ▼ ▼

42. Como se pode perceber, para Willemart a consciência do artista é apenas uma das instâncias dessa organização e não o seu pólo determinante.
43. Dos vários textos em que Philippe Willemart vem desenvolvendo essas idéias (*Bastidores da criação literária, crítica genética e psicanálise*), ative-me ao texto da palestra "Como entender os processos de criação vinte anos depois", proferida em 20 de outubro de 2005 no VIII Congresso Internacional da APML.
44. Rio de Janeiro: Graal, 1988.

De certa maneira, todas essas considerações estão ligadas à velha questão da "obra acabada", que passaremos a analisar. Afinal, o culto do processo, como um valor em si mesmo, não aponta para uma transformação do mito da obra acabada em um novo mito do inacabado, da multiplicação de possibilidades que nunca se concretizam formalmente?

Como afirma Cecília Almeida Salles, "o objeto 'acabado' pertence, portanto, a um processo inacabado"[45]. Nessa afirmação, é fundamental atentar para a tensão entre acabamento e inacabamento. Isso porque, muitas vezes, o inacabamento faz com que a arte – e o processo – gire em torno de si mesma, numa tautologia enfadonha. Para Pierre Macheray, o acabamento é pressuposto da eficácia do inacabamento, como um corte que aponta para além dele mesmo e para as contradições que o constituem. A referência contínua ao "processo inacabado" pode dar o bote e funcionar como uma ilusão interpretativa que atrela a obra a um sentido oculto: "duplicar a linha do texto com o relevo que lhe dá o seu inacabamento pode ser, ao mesmo tempo, fazer ver por detrás da obra uma outra obra, que seria o seu segredo e de que seria a máscara ou tradução: e recair assim na ilusão interpretativa."[46]

Esse novo aspecto "oculto" do texto, seu "processo de criação", restringe a própria construção ficcional pelo leitor, que fica impregnado de uma tautologia de "explicar" a obra, restringindo-a às suas malhas produtivas. Nas palavras de Ezra Pound: "é impossível aferir a ação de um produto químico simplesmente acrescentando-lhe um pouco mais do mesmo produto. **Para conhecê-lo é preciso conhecer os seus limites** [...] Impossível conhecer um produto por si mesmo,

▼ ▼ ▼ ▼ ▼

45. SALLES, Cecília Almeida. *Gesto inacabado. Processo de criação artística*, cit.
46. MACHERAY, Pierre. *Para uma teoria da produção literária*. São Paulo: Mandacaru, 1989.

diluindo-o apenas com alguma substância neutra"[47]. A ênfase excessiva no processo pode funcionar como um veto à ficcionalidade: nos preocuparíamos tanto em saber como uma obra é feita a ponto de não precisarmos mais acionar o imaginário, relacionar a obra ao que não é ela mesma, ou seja, operar criticamente.

Não se trata aqui de negar a indeterminação, o acaso, o papel ativo da recepção e a grande transformação operada por uma visão processual, mas sim de, a partir de uma crítica ao processo, não se deixar levar pela aparência de indeterminação e pela exposição da produção como um valor em si, características essas que, repita-se, permeiam tanto a crítica genética como boa parte da cultura contemporânea. Esse imediatismo da relação entre produção e consumo, dos bastidores e da cena, cria uma espécie de deriva do processo, esvaziando a resistência e as tensões que ele próprio exige.

A nosso ver, a problematização efetiva do processo permite uma crítica pela fatura interna, pelas problematizações técnicas que a tornam possível, pelos seus modos de produção de sentido constantemente atualizados. Mesmo a construção ativa do leitor opera dentro desses limites. As indeterminações do processo não implicam facilidade, indiferença ou uma concepção da arte como puro efeito. Pelo contrário, essa postura exige maior rigor. A obra em processo, dentro dessa visão rigorosa, teria a mesma exigência de não poder ser rapidamente substituída por qualquer outra coisa ou pensamento, mas de nos obrigar a voltar a ela, isto é, "quando nenhuma idéia suscitada por ela, nenhuma forma de comportamento sugerida por ela, pode esgotá-la ou liquidá-la"[48].

▼ ▼ ▼ ▼ ▼

47. POUND, Ezra. *A arte da poesia*. São Paulo: Cultrix, 1988.
48. VALÉRY, Paul. Apud BENJAMIN, W. *Charles Baudelaire – um lírico no auge do capitalismo*, cit., p. 138.

Como esclarece Lezama Lima, ao enfocar o ato entre a ação que realiza e a obra feita[49], a decisão do que expor ou do que é possível expor do processo é um ponto crucial:

> O secreto desenvolvimento de uma obra, anterior a seu surgimento e justificativa, permanece como cerrado feudo de conduta. **Como incorporá-lo à obra de arte?** Talvez esse mecanismo não possa ser transmitido, pois **para obter seu ganho ético, sempre será preciso começá-lo de novo**, e então veríamos esse trabalho mecânico como uma obra realizada, mas cujos recursos generantes seriam sempre inadvertidos enquanto se produzem.[50]

Essa decisão, mais do que técnica, aponta para os limites éticos da inserção do processo de produção nas obras publicadas. Não basta escancarar os procedimentos, é preciso levar o processo às últimas conseqüências, até o limite em que "sempre será preciso começá-lo de novo".

Acreditamos que essas questões se colocam para os geneticistas[51]. Mas para que aqui também elas alcancem seu ganho ético, é preciso deixá-las em aberto, como uma problematização efetiva que depende de contextos históricos específicos e de decisões que escapam às generalizações que uma introdução como esta inevitavelmente pode provocar. Por outro lado, se o caminho que construímos até aqui tiver despertado o leitor para as tensões e contradições que estão implicadas nas práticas de escrita e como isso está ligado aos seus problemas formais, este livro terá cumprido seu papel.

▼ ▼ ▼ ▼ ▼

49. "O que nos diz Valéry e o que vê detrás das palavras? [...] Às considerações filiais da linguagem Valéry acrescenta a consideração da linguagem no ato [...] entre a ação que realiza e a obra feita [...] A adivinhação depois de uma longa recusa" (LIMA, Lezama. "O ato poético e Valéry". In: *A dignidade da poesia*. São Paulo: Ática, 1996, p. 38).
50. Id., ibid.
51. Como propõe Luiz Costa Lima, "o ético que aflora no curso de um processo crítico aplicado à experiência estética, surge noutra posição, no interior da imaginação ativada pela suspensão e espera (*Limites da voz*. Rio de Janeiro: Rocco, 1993, p. 172).

BIBLIOGRAFIA

Livros publicados no Brasil

Gênese e memória. IV Encontro Internacional de Pesquisadores do Manuscrito e de Edições. São Paulo: Annablume, 1995
Fronteiras da criação. Anais do VI Encontro de Pesquisadores do Manuscrito. São Paulo: Annablume, 2000.
O manuscrito moderno e as edições. I Encontro de Crítica Textual. São Paulo: FFLCH, 1986.
Centro de Estudos de Crítica Genética. São Paulo: PUC, 1995.
BERGEZ, Daniel et alii. *Métodos críticos para a análise literária*. São Paulo: Martins Fontes, 1997.
BERTOMEU, João V. C. *Criação na propaganda impressa*. São Paulo: Futura, 2002.
LANGENDONCK, Rosana van. *A sagração da primavera: dança e gênese*. São Paulo: Edição do autor, 1998.
LIMA, Sônia M. van Dijck. *Gênese de uma poética da transtextualidade*. João Pessoa: Editora Universitária/UFPB, 1993.
PINO, Claudia Consuelo Amigo. *A ficção da escrita*. São Paulo: Ateliê Editorial, 2004.
SALLES, Cecília Almeida. *Crítica genética: uma (nova) introdução – fundamentos dos estudos genéticos sobre o processo de criação artística*. 2. ed. São Paulo: Educ, 1998.
——. *Gesto inacabado – processo de criação artística*. 3. ed. São Paulo: Annablume, 2002.
——. *Redes da criação: construção da obra de arte*. São Paulo: Horizonte, 2006.
SILVA, Márcia Ivana. *A gênese de "Incidente em Antares"*. Porto Alegre: Edipuc, 2001.

WILLEMART, Philippe. *Escritura e linhas fantasmáticas*. São Paulo: Ática, 1983 (col. Ensaios 92).
——. *O manuscrito em Gustave Flaubert*. São Paulo: FFLCH/USP, 1984.
——. *Universo da criação literária*. Prefácio de Alfredo Bosi. São Paulo: Edusp, 1993.
——. *Além da psicanálise: a literatura e as artes*. São Paulo: Nova Alexandria, 1995.
——. *A pequena letra em teoria literária: Ø a b c ø Ø (a leitura subvertendo as teorias de Freud, Lacan e Saussure)*. São Paulo: Annablume, 1997.
——. *Bastidores da criação literária*. São Paulo: Iluminuras, 1999.
——. *Proust: poeta e psicanalista*. São Paulo: Ateliê Editorial, 2000.
——. *Educação sentimental em Proust*. São Paulo: Ateliê Editorial, 2002.
——. *Crítica genética e psicanálise*. São Paulo: Perspectiva, 2005.
ZULAR, Roberto (org.). *Criação em processo – ensaios de crítica genética*. São Paulo: Iluminuras, 2002.
TEIXEIRA, Lucilinda Ribeiro. *Ecos da memória: Machado de Assis em Haroldo Maranhão*. São Paulo: Annablume, 1998.

Livros em francês

BELLEMIN-NOËL, Jean. *Le texte et l'avant-texte*. Paris: Larousse, 1972.
BOURGEA, Serge (org.). *Génétique et traduction. Cahier de critique génétique*. Paris: L'Harmattan, 1995.
BOIE, Bernhild & FERRER, Daniel. *Genèses du roman contemporain. Incipit & entrée en écriture*. Paris: CNRS Éditions, 1993.
BIASI, Pierre Marc. *La génétique des textes*. Paris: Nathan, 2000.
CERQUIGLINI, Bernard. *L'Éloge de la variante*. Paris: Seuil, 1989.
CONTAT, Michel. *L'Auteur et le manuscrit*. Paris: Presses Universitaires de France, 1991.
—— & FERRER, Daniel. *Pourquoi la critique génétique? Méthodes, théories*. Paris: CNRS Éditions, 1998.
DIDIER, Béatrice & NEEFS, Jacques (orgs.). *Editer des manuscrits: archives, complétude, lisibilité*. Saint-Denis: Presses Universitaires de Vincennes, 1996.
——. *Hugo de l'écrit au livre*. Saint-Denis: Presses Universitaires de Vincennes, 1987.
——. *La fin de l'Ancien Régime: Sade, Retif, Beaumarchais, Laclos: manuscrits de la révolution*. Paris: Presses Universitaires de Vincennes, 1991.
——. *Penser, classer, écrire: de Pascal à Perec*. Saint-Denis: Presses Universitaires de Vincennes, 1990.
DUCHET, Claude & TOURNIER, Isabelle. *Genèses des fins: de Balzac à Beckett, de Michelet à Ponge*. Saint-Denis: Presses Universitaires de Vincennes, 1996
FERRER, Daniel & D'IORIO, Paolo. *Bibliothèques d'écrivains*. Paris: CNRS Éditions, 2001.

―― & LEBRAVE, Jean-Louis. *L'écriture et ses doubles. Genèse & variations textuelles.* Paris: CNRS Éditions, 2000

――; JACQUET, Claude & TOPIA, André (orgs.). *"Ulysse" à l'article. Joyce aux marges du roman.* Tusson: Du Lérot, 1992.

FUCHS, Catherine. *La genèse du texte: les modèles linguistiques.* Paris: CNRS Éditions, 1987.

GRÉSILLON, Almuth. *Éléments de critique génétique: lire les manuscrits modernes.* Paris: Presses Universitaires de France, 1994.

―― (org.). *De la genèse du texte littéraire. Manuscrit, texte, auteur, critique.* Tusson: Du Lérot, 1988.

――. *Les manuscrits littéraires à travers les siècles.* Tusson: Du Lérot, 1995.

―― & LEBRAVE, Jean-Louis. *La langue au ras du texte.* Presses Universitaires de Lille, 1984.

――. *Écrire aux XVIIe et XVIIIe siècles. Genèses de textes littéraires et philosophiques.* Paris: CNRS Éditions, 2000.

―― & WERNER, Michael (orgs.). *Leçons de l'écriture, ce que disent les manuscrits.* Lettres Modernes: Minard, 1985.

HAY, Louis (org.). *Carnets d'écrivains. Hugo, Flaubert, Proust, Valéry, Gide, du Bouchet, Perec.* Paris: CNRS Éditions, 1990.

――. *De la lettre au livre.* Sémiotique des manuscrits littéraires. Paris: CNRS Éditions, 1989.

――. *La naissance du texte.* Paris: J. Corti, 1989.

――. *Les manuscrits des écrivains.* Paris: Hachette/CNRS Éditions, 1993.

――. *Essais de critique génétique.* Paris: Flammarion, 1979.

―― & GLENISSON, Jean (orgs.). *Les techniques de laboratoire dans l'étude des manuscrits.* Paris: CNRS Éditions, 1974.

JACQUET, Claude. *Genèse de Babel. Joyce & la création.* Paris: CNRS Éditions, 1985.

LEBRAVE, Jean-Louis & VIOLLET, Catherine (orgs.). *Proust à la lettre – les intermittences de l'écriture.* Tusson: Du Lérot, 1990.

LEDUC-ADINE, Jean-Pierre. *Zola, genèse de l'œuvre.* Paris: CNRS Éditions, 2002.

LEJEUNE, Philippe. *Les brouillons de soi.* Paris: Seuil, 1998.

LEVAILLANT, Jean. *Écriture et génétique textuelle – Valéry à l'œuvre.* Lille: Presses Universitaires de Lille, 1982.

MILLY, Jean & WARNING, Rainer. *Marcel Proust: ecrire sans fin.* Paris: CNRS Éditions, 1996.

VIOLLET, Catherine & LEJEUNE, Philippe. *Genèses du "Je". Manuscrits autobiographiques.* Paris: CNRS Éditions, 2000.

Livros em outras línguas

DEPPMAN, Jep; FERRER, Daniel & GRODEN, Michael. *Genetic Cricism: Texts and Avant-textes.* Philadelphia: University of Pennsylvania Press, 2004.

FERRER, Daniel & JACQUET, Claude (orgs.). *Writing its Own Wrunes for Ever. Essays in Joycean Genetics*. Tusson: Du Lérot, 1998.
GRÉSILLON, Almuth & GIAVERI, Maria-Teresa (orgs.). *I Sentieri della creazione, tracce, traiettorie, modelli. Les sentiers de la création, traces, trajectoires, modèles*. Reggio Emilia: Edizioni Diabasis, 1994.

Revistas

Revistas integralmente dedicadas à crítica genética:

Manuscrítica. Associação dos Pesquisadores do Manuscrito Literário (brochura), n.º 1, 1990; n.º 2, 1991; n.º 3, 1992; n.º 4, 1993.
Manuscrítica. Revista de Crítica Genética. São Paulo: Annablume, n.º 5, 1995; n.º 6, 1996; n.º 7, 1998; n.º 8, 1999; n.º 9, 2001; n.º 10, 2001; n.º 11, 2003; n.º 12, 2004; n.º 13, 2005.
Genesis. Manuscrits. Recherche. Invention. Revue internationale de critique génétique. Paris: Éditions Jean-Michel Place, n.º 1, 1992; n.º 2: *Manuscrits poétiques*, 1992; n.º 3, 1993; n.º 4: *Écritures musicales aujourd'hui*, 1993; n.º 5, maio 1994; n.º 6: *Enjeux critiques*, 1994; n.º 7, 1995; n.º 8: *Psychanalyse*, 1995; n.º 9, 1996; n.º 10: *Sémiotique*, 1996; n.º 11, 1997; n.º 12: *Francis Ponge*, 1998; n.º 13, 1999; n.º 14: *Architecture*, 2000; n.º 15, 2000; n.º 16: *Autobiographie*, 2001; n.º 17: *Julien Gracq*, 2001; n.º 18, 2002; n.º 19: *Roland Barthes*, 2002; n.º 20: *Écriture scientifique*, 2003; n.º 21, 2003; n.º 22: *Philosophie*, 2003; n.º 23, 2004; n.º 24: *Formes*, 2004; n.º 25, 2006.

Números especiais:

Estudos Avançados, n.º 11, vol. 5, jan./abr. 1991.
Langage & Société, n.º 103, "Écritures en acte & genèse du texte", mar. 2003.
Langages, n.º 147, "Processus d'écriture et traces linguistiques", set. 2002.

Bibliografia geral

Lexique de termes littéraires. Paris: LGF, 2001.
ADORNO, Theodor. *Teoria estética*. Lisboa: Edições 70, 1982.
——. *Notas de Literatura I*. São Paulo: Duas cidades, 2003.
ANDRADE, Mário de. *O empalhador de passarinhos*. Belo Horizonte: Itatiaia, 2002.
——. *O baile das quatro artes*. São Paulo: Martins, 1963.
——. *Obra incompleta*. São Paulo: Edusp (col. Archivos). No prelo.
ANDRADE, Oswald. *O Santeiro do mangue e outros poemas*. São Paulo: Globo, 1991.

AUSTIN, J. L. *Quando dizer é fazer*. Trad. Danilo Marcondes de Souza Filho. Porto Alegre: Artes Médicas, 1990.
BARROS, Diana Luz Pessoa de. "Entre a fala e a escrita: algumas reflexões sobre as posições intermediárias". In: *Fala e escrita em questão*. São Paulo: Humanitas, 2001.
BARTHES, Roland. *A aventura semiológica*. Trad. Mário Laranjeira. São Paulo: Martins Fontes, 2001.
———. *Critique et vérité*. Paris: Seuil, 1966.
———. *S/Z*. Paris: Seuil, 1968.
BEIGUELMAN, Giselle. *O livro depois do livro*. São Paulo: Peirópolis, 2003.
BENJAMIN, Walter. *Magia e técnica, arte e política*. São Paulo: Brasiliense, 1994.
———. *Charles Baudelaire – um lírico no auge do capitalismo*. São Paulo: Brasiliense, 1994.
———. *O conceito de crítica de arte no romantismo alemão*. Trad. Márcio Seligmann-Silva. São Paulo: Iluminuras, 2002.
BLANCHOT, Maurice. *O livro por vir*. São Paulo: Martins Fontes, 2005.
BOSI, Alfredo. *Dialética da colonização*. São Paulo: Companhia das Letras, 2003.
BUTOR, Michel. *Repertoire 5*. Paris: Minuit, 1982.
CAMPOS, Haroldo de. *Ideograma. Lógica. Poesia. Linguagem*. São Paulo: Cultrix, 1977.
CANDIDO, Antonio. *Literatura e sociedade*. São Paulo: Editora Nacional, 1967.
———. *O discurso e a cidade*. São Paulo: Duas Cidades, 1993.
———. *Formação da literatura brasileira*. Belo Horizonte: Itatiaia, 1997.
CERTEAU, Michel de. *A invenção do cotidiano*. Petrópolis: Vozes, 1994.
CHARTIER, Roger. *Os desafios da escrita*. São Paulo: Unesp, 2002.
CRISTO, Maria da Luz Pinheiro de. *Relatos de uma cicatriz*. Tese de doutorado sob orientação de Philippe Willemart. Universidade de São Paulo, 2005 (inédita).
CULLER, Jonathan. *Teoria literária – uma introdução*. São Paulo: Beca, 1999.
DERRIDA, Jacques. *A escritura e a diferença*. São Paulo: Perspectiva, 1995.
DOSSE, François. *História do estruturalismo*. Vol. 2: *O canto do cisne, de 1967 a nossos dias*. São Paulo: Ensaio/Editora da Unicamp, 1994.
EAGLETON, Terry. *A função da crítica*. São Paulo: Martins Fontes, 1991.
FOUCAULT, Michel. *L'archéologie du savoir*. Paris: Gallimard, 1969. Trad. bras. *A arqueologia do saber*. 6. ed. – Trad. Luís Filipe Baeta Neves. Rio de Janeiro: Forense-Universitária, 2000.
———. *História da sexualidade*. Rio de Janeiro: Graal, 1988.
———. *O que é um autor?* Lisboa: Passagens, 1992.
———. *Resumo dos cursos do Collège de France (1970-1982)*. Rio de Janeiro: Zahar, 1997.
———. "Qu'est-ce que les lumières". *Magazine Littéraire*, n.º 309, abr. 1993.

GAUDON, Jean. "De la poésie au poème: remarques sur les manuscrits poétiques de Victor Hugo". *Genesis*, n.º 2. Paris: Jean-Michel Place, 1992.

GLISSANT, Édouard. *Le discours antillais*. Paris: Seuil, 1980.

_____. *Faulkner, Mississipi*. Paris: Stock, 1996.

_____ & ARTIÈRES, Philippe. "Je ne suis pas un bon archiviste". *Genesis*, n.º 23. Paris: Jean-Michel Place, 2004.

GODOY, Jack. *A lógica da escrita e a organização da sociedade*. Lisboa: Edições 70, 1986.

GRÉSILLON, Almuth. "Processus d'écriture et marques linguistiques. Nouvelles recherches en génétique du texte". *Langages*, n.º 147, set. 2002.

GUIMARÃES, Hélio de Seixas. *Os leitores de Machado de Assis*. São Paulo: Nankin/Edusp, 2004.

HALLEWELL, Laurence. *O livro no Brasil*. São Paulo: T. A. Queiroz, 1985.

HANSEN, João Adolfo. *A sátira e o engenho*. São Paulo: Ateliê Editorial, 2004.

HOLLANDA, Heloísa Buarque de & PEREIRA, Carlos Alberto Messeder. *Literatura comentada – poesia jovem, anos 70*. São Paulo: Abril Cultural, 1982.

HOOKER, J. T. (org.). *Lendo o passado. Do cuneiforme ao alfabeto. A história da escrita antiga*. São Paulo: Edusp, 1996.

ISER, Wolfgang. *L'acte de lecture: théorie de l'effet esthétique*. Bruxelles: P. Mardaga, 1976.

JAUSS, H. R. "Production et réception: le mythe des frères ennemis". In: HAY, Louis (org.). *La naissance du texte*. Paris: J. Corti, 1989.

JEAN, Georges. *L'écriture mémoire des hommes*. Paris: Gallimard, 1987.

JORGE, Verónica Galíndez. *Como as mil peças de um jogo de escritura nos manuscritos de Flaubert*. Tese de doutorado sob orientação de Philippe Willemart. Universidade de São Paulo, 2005 (inédita).

LANSON, Gustave. *Essais de méthode, de critique et d'histoire littéraire* (rassemblés et présentés par Henri Peyre). Paris: Hachette, 1965.

LEBRAVE, Jean-Louis. "Crítica genética: uma nova disciplina ou um avatar moderno da filologia ?" Trad. Teresinha Meirelles. In: ZULAR, Roberto (org.). *Criação em processo*. São Paulo: Iluminuras, 2002.

LÉVY, Pierre. *Cibercultura*. São Paulo: Editora 34, 1999.

LIMA, Lezama. *A dignidade da poesia*. São Paulo: Ática, 1996.

LIMA, Luiz Costa. *O fingidor e o censor*. Rio de Janeiro: Forense, 1988.

——. *Limites da voz*. Rio de Janeiro: Rocco, 1993.

LIMA, Sônia van Dijck. "Guimarães Rosa em demanda do texto". In: *Lusobrasilica: i protagonisti del racconto*. Roma: Bulzoni, 2000. Pode ser encontrado em www.soniavandijck.com/rosa_sarapalha.htm.

——. *Guimarães Rosa – escritura de Sagarana*. São Paulo: Navegar, 2003.

LISPECTOR, Clarice. *A hora da estrela*. Rio de Janeiro: Rocco, 1999.

LOPEZ, Telê Ancona. "A biblioteca de Mário de Andrade: seara e celeiro da criação". In: ZULAR, Roberto (org.). *Criação em processo*. São Paulo: Iluminuras, 2002.

MACHADO NETO, A. L. *Estrutura social da República das Letras*. São Paulo: Grijalbo, 1973.
MACHADO, Roberto. *Ciência e saber: a trajetória da arqueologia de Michel Foucault*. Rio de Janeiro: Graal, 1988.
MACHERAY, Pierre. *Para uma teoria da produção literária*. São Paulo: Mandacaru, 1989.
MARQUES, Reinaldo. "O arquivamento do escritor". *Arquivos Literários*. São Paulo: Ateliê Editorial, 2004.
MEHOUDAR, Rosie. "Linguagem e subjetividade nos *Contos indianos* de Stéphane Mallarmé". Dissertação de mestrado defendida sob a orientação de João Alexandre Barbosa. Universidade de São Paulo, 1998 (dissertação inédita).
MEIRELLES, Teresinha. *Poética e ato na ficção de Clarice Lispector*. Tese de doutorado em Língua e Literatura Francesa, defendida na Faculdade de Filosofia, Letras e Ciências Humanas da Universidade de São Paulo.
MESCHONNIC, Henri. *La rime et la vie*. Lagrasse: Verdier, 1990.
MICELI, Sérgio. *Intelectuais à brasileira*. São Paulo: Companhia das Letras, 2001.
MORAES, Marcos (org.). *Correspondência Mário de Andrade & Manuel Bandeira*. São Paulo: Edusp/IEB, 2000.
OLIVEIRA, Nelson de (org.). *Geração 90: manuscritos de computador*. São Paulo: Boitempo, 2001.
ONG, Walter. *Oralidade e cultura escrita*. São Paulo: Papirus, 1998.
OTTONI, Paulo. *Visão performativa da linguagem*. São Paulo: Unicamp, 1998.
PELLEGRINI, Tânia. *A imagem e a letra. Aspectos da ficção brasileira contemporânea*. São Paulo: Mercado de Letras, 1999.
POLAR, Cornejo. *O condor voa*. Belo Horizonte: UFMG, 2000.
PONGE, Francis. *A mesa*. Trad. Ignácio Antônio Neis e Michel Peterson. São Paulo: Iluminuras, 2002.
———. *La fabrique du pré*. Col. Les sentiers de la création, n.º 11. Genebra: Skira, 1971.
POUND, Ezra. *A arte da poesia*. São Paulo: Cultrix, 1988.
REIMÃO, Sandra. *Mercado editorial brasileiro*. São Paulo: Com-Arte/Fapesp, 1996.
RIGHI, Gaetano. *Historia de la filologia clásica*. Barcelona: Labor, 1967.
SANTIAGO, Silviano. "Com quantos paus se faz uma canoa". *Arquivos Literários*. São Paulo: Ateliê Editorial, 2003.
SCHLEGEL, Friedrich. *Conversa sobre poesia e outros fragmentos*. Trad. Victor-Pierre Stirnimann. São Paulo: Iluminuras, 1994.
SCHWARZ, Roberto. *Um mestre na periferia do capitalismo – Machado de Assis*. São Paulo: Duas Cidades, 1991
SOUZA, Eneida Maria de & MIRANDA, Wander Melo (orgs.). *Arquivos Literários*. São Paulo: Ateliê Editorial, 2003.
SOUZA, Laura de Mello (org.). *História da vida privada no Brasil. Cotidiano e vida privada na América portuguesa*. São Paulo: Companhia das Letras, 2004.

STAROBINSKI, Jean. *L'oeil vivant II*. Paris: Gallimard, 1970.

———. *A transparência e o obstáculo*. Trad. Maria Lúcia Machado. São Paulo: Companhia das Letras, 1991.

SÜSSEKIND, Flora. *Papéis colados*. 2. ed. Rio de Janeiro: UFRJ, 2002.

TODOROV, Tzvetan. "La poétique structurale". In: *Qu'est-ce que le structuralisme?* Paris: Seuil, 1969.

VALÉRY, Paul. *Variedades*. São Paulo: Iluminuras, 1993.

———. *Oeuvres II*. Paris: Gallimard (Pléiade), 1956.

WILLEMART, Philippe. "A crítica genética diante do programa de reconhecimento vocal". *Manuscrítica 12*. Revista de Crítica Genética. São Paulo: Annablume, 2004.

———. "Da forma aos processos de criação II. Proust e Petitot – Literatura e morfodinâmica". *Fronteiras da criação*. Anais do VI Encontro de Pesquisadores do Manuscrito. São Paulo: Annablume, 2000.

———. *Universo da criação literária*. São Paulo: Edusp, 1993.

ZWEIG, Paul. *Walt Whitman – a formação do poeta*. Rio de Janeiro: Zahar, 1988.

ZULAR, Roberto (org.). *Criação em processo*. São Paulo: Iluminuras, 2002.

———. *No limite do país fértil – os escritos de Paul Valéry entre 1894 e 1896*. Tese de doutorado. São Paulo: FFLCH-USP, 2001.

———. "O que fazer com o que fazer. Algumas reflexões sobre o *Me Segura qu'eu vou dar um troço* de Waly Salomão". *Literatura e Sociedade 8* (Contemporânea). São Paulo: Nankim, 2005.

ZUMTHOR, Paul. *A letra e a voz*. São Paulo: Companhia das Letras, 1993.

IMPRESSÃO E ACABAMENTO:
YANGRAF Fone/Fax: 6195.77.22
e-mail:yangraf.comercial@terra.com.br